JN037642

中学歴史

ゼッタイわかる

改訂版

監　　修＝**伊藤賀一**
（スタディサプリ講師）

キャラクター
デ ザ イ ン ＝**モゲラッタ**

カ バ ー
イ ラ ス ト ＝**夏生**

漫　　画＝**あさひまち**

本書は2019年に小社より刊行された『ゼッタイわかる　中学歴史』の改訂版です。

[装丁・総扉デザイン]　川谷デザイン
[本文デザイン]　諸橋藍
[登場人物紹介・アイコン・SDキャライラスト]　モゲラッタ
[構成協力]　有限会社マイプラン
[組版]　株式会社フォレスト
[校正]　エデュ・プラニング合同会社
[写真]　アフロ
[図版]　株式会社アート工房, 佐藤百合子, あさひまち

あ ら す じ

5人しか部員のいない「軽音同好会」に所属する中学3年生——
基、六花、春、洸、茉里たちは、
部員の増えない様々な事情を抱えつつも、
にぎやかで騒がしい毎日を過ごしていた。

しかし、3年生になったばかりの始業式後、
基は突如学年主任に呼び出され、破天荒な六花、能天気すぎる洸、
兄弟の世話で忙しすぎる春ら3人の壊滅的な成績不振を理由に、
「このままだと廃部」という衝撃的な宣告を受ける。

まさかの危機に猛然と立ち上がった基のミッションは
「3人にテストで平均点以上を取らせる」こと。

アルファベットの読み方や
プラス・マイナスの考え方までさかのぼり、
基は同じく成績優秀な茉里とともに、
練習の合間をぬってスパルタ授業を開始するのだが——。

廃部になる
かもしれない

CONTENTS　もくじ

Chapter 06 帝国主義の時代

Chapter 07 二度の世界大戦と日本

Chapter 08 戦後の世界と日本

Chapter 09 日本の文化

CHARACTERS | 登場人物紹介

黒岩 茉里
▶ くろいわ まり

♪ 担当楽器
キーボード

筋金入りのお嬢様。透き通るような肌、整った顔立ちで学園のマドンナ的存在。軽音同好会以外ではあまり友達がいない。勉強は基と同じくらい成績優秀。ツッコミがかなり毒舌で辛辣。

Mari Kuroiwa

Motoi Isaka

数学
応用
文章題

伊坂 基
▶ いさか もとい

♪ 担当楽器
ベース

ド真面目で成績優秀な軽音同好会会長。根暗で機材オタクな一方、ツッコミの速さには定評がある。人と深くかかわらないほうだが、同好会メンバーの半ばウザ絡みとも言える暑苦しさの結果、矯正されつつある。大人びているが頼られると調子に乗るところも。

田乃内 春
▶ たのうち はる

♪担当楽器
ドラム

大家族の長男。朝は毎日戦争でぐったりしているが、学校は大好きで皆勤賞。第一印象のよさはピカイチ。勉強はニガテなものの、察したり理解したりする能力が高いため、成績アップのスピードも速い。

牧野瀬 六花
▶ まきのせ りっか

♪担当楽器
ボーカル

コテコテの関西弁を操るギャル。とにかく我が強く、押しも強い。すぐ叩く。恋愛に関してはピュアなところがあり少女漫画を愛読している。父親は一代で財を成した大金持ち。ペットは錦鯉の「おたま」。

池端 洸
▶ いけはた こう

♪担当楽器
ギター

運動神経抜群で見た目の華やかさと明るい性格で、誰からも好かれるムードメーカー。勉強は大のニガテで、基に「顔と運動神経に全振りしたステータスを1ミリでもいいから頭に回してやりたかった」と言わしめた。口癖は「お腹すいたな〜」。

まずはぼくたちの会話から、そのチャプターの概要をざっくり頭に入れてみてね！

1テーマは2ページ構成で進めてくで〜！

の部分は、えんぴつでなぞりながらウチらと一緒に勉強してこーや！

俺らの会話を聞いてテーマの内容が頭に入ったところで、右ページの練習問題にチャレンジしてみてくれ！　答えは巻末にまとめてあるぞ。解いたら解きっぱなしにしないで、ちゃんと答え合わせするように！　約束な！

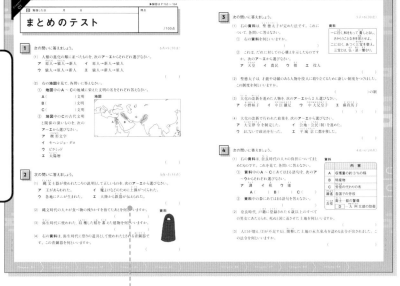

1つのチャプターが終わったら
「まとめのテスト」にチャレンジ
してみてね。
ちなみに、「練習問題」と「まと
めのテスト」は、無料でダウン
ロードできるPDFを印刷すれ
ば、何回でもチャレンジできる
よ！

｜最重要まとめ｜

- ✓ 縄文時代…縄文土器、たて穴住居
- ✓ 弥生時代…稲作の開始、弥生土器
- ✓ 金属器…青銅器や鉄器が伝わった

練 習 問 題

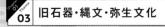
▶解答は P.162

1 次の（　　）にあてはまる語句を、下から選びましょう。

(1) （　　　　　　　　）石器が使われた時代を旧石器時代といいます。

(2) 人々は、木の実や漁でとれた魚を煮て食べるため、（　　　　　　　）土器をつくるようになりました。

(3) 魔よけや食物の豊かさをいのるために（　　　　　　　）とよばれる土製の人形がつくられました。

(4) 大陸から稲作が伝わったころから、薄手でかたい（　　　　　　　）土器がつくられるようになりました。

〔　弥生　　縄文　　打製　　磨製　　貝塚　　土偶　〕

2 次の問いに答えましょう。

(1) 日本で初めて打製石器が発見された遺跡を、次の**ア〜エ**から1つ選びなさい。
　　ア　登呂遺跡　　　　イ　三内丸山遺跡
　　ウ　岩宿遺跡　　　　エ　吉野ヶ里遺跡
　　　　　　　　　　　　　　　　　　　（　　　　）

(2) 縄文時代の遺跡に見られる、食べ物の残りかすなどが大量に捨てられたあとを何といいますか。
　　　　　　　　　　　　　　　　　　　（　　　　）

(3) 縄文時代の人々が住んでいた住居を何といいますか。
　　　　　　　　　　　　　　　　　　　（　　　　）

(4) 稲作とともに伝わり、おもに祭りに使われたとされる右の図のような道具を、次の**ア〜エ**から1つ選びなさい。
　　ア　打製石器　　　　イ　銅鐸
　　ウ　鉄器　　　　　　エ　金印
　　　　　　　　　　　　　　　　　　　（　　　　）

(5) 収穫した稲を蓄えた倉庫を何といいますか。
　　　　　　　　　　　　　　　　　　　（　　　　）

Chapter 01 Theme 03　旧石器・縄文・弥生文化

練 習 問 題

1 次の（　　）にあてはまる語句を、下から選びましょう。

(1) （　打製　）石器が使われた時代を旧石器時代といいます。

(2) 人々は、木の実や漁でとれた魚を煮て食べるため、（　縄文　）土器をつくるようになりました。

(3) 魔よけや食物の豊かさをいのるために（　土偶　）とよばれる土製の人形がつくられました。

(4) 大陸から稲作が伝わったころから、薄手でかたい（　弥生　）土器がつくられるようになりました。

〔　弥生　　縄文　　打製　　磨製　　貝塚　　土偶　〕

2 次の問いに答えましょう。

(1) 日本で初めて打製石器が発見された遺跡を、次の**ア〜エ**から1つ選びなさい。
　　ア　登呂遺跡　　　　イ　三内丸山遺跡
　　ウ　岩宿遺跡　　　　エ　吉野ヶ里遺跡　（　ウ　）

(2) 縄文時代の遺跡に見られる、食べ物の残りかすなどが大量に捨てられたあとを何といいますか。（　貝塚　）

(3) 縄文時代の人々が住んでいた住居を何といいますか。（　たて穴住居　）

(4) 稲作とともに伝わり、おもに祭りに使われたとされる右の図のような道具を、次の**ア〜エ**から1つ選びなさい。
　　ア　打製石器　　　　イ　銅鐸　　　ウ　鉄器　　　エ　金印
　　　　　　　　　　　　　　　　　　　（　イ　）

(5) 収穫した稲を蓄えた倉庫を何といいますか。（　高床倉庫　）

練習問題やまとめのテストを
解き終えたら、必ず答え合
わせをして、まちがえたとこ
ろを確認しようなー！
「まちがえたところ＝ニガテな
ところ」だから、テストでも落
としやすいんだってさ！
そのままにしておかないのが
だいじだぞ！

解きなおしPDF
無料ダウンロード方法

本書をご購入いただいた方への特典として、

📄 **練習問題＋まとめのテスト　解きなおしPDF**

を無料でダウンロードいただけます。
記載されている注意事項をよくお読みになり、ダウンロードページへお進みください。

https://www.kadokawa.co.jp/product/322007000753/
［ユーザー名］zettai_chugaku_history
［パスワード］mari_397

上記のURLへアクセスいただくと、データを無料ダウンロードできます。
「ダウンロードはこちら」という一文をクリックして、ユーザー名とパスワードをご入力のうえダウンロードし、ご利用ください。

【注意事項】
●ダウンロードはパソコンからのみとなります。携帯電話・スマートフォンからのダウンロードはできません。
●ダウンロードページへのアクセスがうまくいかない場合は、お使いのブラウザが最新であるかどうかご確認ください。また、ダウンロードする前に、パソコンに十分な空き容量があることをご確認ください。
●フォルダは圧縮されていますので、解凍したうえでご利用ください。
●なお、本サービスは予告なく終了する場合がございます。あらかじめご了承ください。

01

文明のおこり
と日本

Theme | 01 >>> 06

よし,
それじゃあ歴史の勉強を始めるぞ

え〜〜!!

え〜!
じゃねェ

歴史

基……
言ってなかったことがある。

ん?

オレ,過去は振り返らない主義なんだ

あ〜ぁ
言っちゃった

洗はアホやからなぁ

…それだけか?

え?

言いたいことはそれだけか?

よ〜し
はりきって歴史の勉強しようかなっ!

回避したね

回避したな

池端くん
今のが歴史を学ぶ
ということよ

え？

池端くんは
今までの経験から
伊坂くんが本気で
怒っていることに
気づけたのよ

歴史を学ぶということは
過去の失敗を生かして
明るい未来をつくるという
ことなの

おおっ！

じゃあまずは
人類が誕生するところから
いってみましょうか

イェーイ!!

明るい未来に
向けてがんば3〜！

う〜ん…

北風と太陽か…

さすが茉里…

人類の誕生と古代文明

 まずは原始時代から。ちなみに原始というのは，「文字のない時代」だと考えるといい。一番古い人類は，アフリカに登場した**猿人**だ。猿人は**原人，新人**へと進化した。新人っていうのは現在の人類の直接の祖先になるんだ。

 え〜！　ウチの遠いおじいちゃん，サルっていうことなん？　そんなん嫌や！

 サルとはちょっと違うよね。ほら，2本足で立って歩くでしょ？

 その通りだ。**直立二足歩行**をするようになったから，両手が自由になるだろ。だから道具を使えるようになるんだ。

 道具って何？　スマホ？

> **POINT**
> 原人
> 道具だけでなく，言葉や火を使っていた。

 あほか。この時代にそんなもんあるわけないやろ。まぁガラケーやな。

 何言ってるの2人とも。原始時代だよ？　よく考えてよ。お弁当箱みたいなケータイだよ。

 え〜！！　でか！?

 くそっ！　アプリもないのかよ……。なんて時代だ……。

 ……ないからな。

 え!?

 この時代にそんなイカした家電があるわけないだろうが！　限られた紙面を7行も無駄にしやがって。このころの道具っていったら石器だよ。まぁ石の器具だな。

 石を叩いたりして割って，とがったところを武器にして狩りをするのよ。**石を打ち欠いてつくった石器**を 打製石器 っていうの。そして，そのうち，石を磨くようになるのよ。**石を磨いてつくった石器**を 磨製石器 というのよ。

> **POINT**
> 打製石器と磨製石器
>
> 打製石器
> 磨製石器

 打製石器が使われていた時代を 旧石器 時代，磨製石器が使われていた時代を 新石器 時代というんだ。

 なるほど。古い石器のときが旧石器，新しい石器のときが新石器か。それいいやん，それいいやん。覚えやすいやん。

♡ **人類**…猿人→原人→新人の順に進化した。
♡ **旧石器時代**…打製石器が使われた。
♡ **新石器時代**…磨製石器が使われた。

 新石器時代には，**農耕**や**牧畜**が始まるんだよ。その結果，貧富の差や身分の差が生まれ，国家が誕生したの。そう，人類はこのころから，持つ者と持たざる者，支配する者と支配される者に分かれたといえるね。

 大金持ちが言うと，ちょっとあれだな。心にくるな。

 国が生まれて，やがて各地に文明がおこったんだ。特に有名な四つの文明をまとめたのは下の地図だ。どんな共通点があるかわかるか？

どの文明も大きな川の周りにできているね。

 その通りだ。だから文明と川はゼッタイにセットで覚えること。また，文明では文字がつくられた。文字が使われ始めたこの時代を古代というんだ。

 ほんなら，文明と川と文字まで覚えといた方がいいな。

 あとは各文明でつくられたものまで一緒に覚えたらカンペキだね。

おこった時期	文明	河川	文字	生まれたもの
紀元前3300年ごろ～	メソポタミア 文明	チグリス川 ユーフラテス川	くさび形 文字	太陰暦 60進法
紀元前3000年ごろ～	エジプト 文明	ナイル川	象形 文字	太陽暦 ピラミッド
紀元前2500年ごろ～	インダス 文明	インダス川	インダス文字	モヘンジョ・ダロ
紀元前1600年ごろ～	中国 文明	黄河・長江	甲骨 文字	青銅器

✓ **新石器時代**…農耕や牧畜が始まった。→貧富の差が生まれた。
✓ **四つの文明**…大きな川の周りでおこった。文字がつくられた。
✓ **秦**…始皇帝が中国を統一。万里の長城がつくられた。

 中国では殷が周にほろぼされ，周の力が弱まると，戦乱の時代になったんだ。これを統一したのが 秦 の**始皇帝**だ。

 知ってる！ **万里の長城**をつくった人でしょ？『キ●グダム』に若い頃は出てくるし。

 オレも知ってる！

 急にテンション上がったな。

 秦の政治は厳しくて，統一してからわずか15年でほろんでしまうのよ。かわって中国を統一した 漢 は領土を広げて，西方（せいほう）とも交易を行ったのよ。そのときに使われたのが**シルクロード**ね。

 POINT

漢の交易品
漢→西方：絹織物など
西方→漢：馬やぶどう，
　　　　　仏教など

 よっしゃ！ これでこの範囲はばっちりだ！

 待て待て。まだ終わってないぞ。古代に生まれた三大宗教も一緒（いっしょ）に勉強しておこう。まず三大宗教で1番古いのは，紀元前5世紀ごろに シャカ が説いた**仏教**だ。

 POINT

三大宗教のおこった場所

 キリスト教は1世紀だっけ？ イエス の教えだったよね。

 最後の1つは7世紀に ムハンマド が説いた**イスラム教**ね。

 三大宗教ってことは，信者が多い3つの宗教やろ？

 いや，信者の人数でいうとキリスト教，イスラム教の次は仏教よりもヒンドゥー教の方が多いんだ。インドは人口が世界で2位だから。まぁ，仏教，キリスト教，イスラム教は国籍や民族を問わず，世界で信仰されているから三大宗教ってよばれてるんだ。

| 最 重 要 ま と め |

✓ **漢**…シルクロードで西方とも交易。
✓ **中国の王朝**…殷→周→秦→漢
✓ **三大宗教**…仏教（シャカ），キリスト教（イエス），イスラム教（ムハンマド）

練 習 問 題

▶解答は P.162

1 次の（　　　）にあてはまる語句を，下から選びましょう。

(1) 一番古い人類は，アフリカにあらわれた（　　　　　　　）です。

(2) 石を打ち欠いてつくった石器を（　　　　　　　）石器といい，この石器が使われていた時代を（　　　　　　　）時代といいます。

(3) ナイル川の流域では，（　　　　　　　）文明がおこりました。

〔 エジプト　　旧石器　　新石器　　原人　　メソポタミア　　猿人　　打製　　磨製 〕

2 次の問いに答えましょう。

(1) 現在の人類の直接の祖先にあたる人類を何といいますか。
（　　　　　　　）

(2) 石を磨いてつくられた石器を何といいますか。
（　　　　　　　）

(3) 亀の甲や牛の骨に記された，右の図のような文字を
何といいますか。

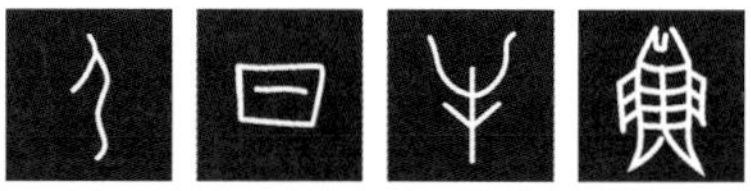

（　　　　　　　）

(4) 漢が西方と交易を行うときに使用した交易路を何といいますか。
（　　　　　　　）

(5) ムハンマドが開いた宗教を，次の**ア**〜**エ**から1つ選びなさい。
　ア キリスト教　　**イ** イスラム教　　**ウ** ヒンドゥー教　　**エ** 仏教
（　　　　　　　）

三大宗教の
おこった場
所をおさえ
ておいてね。

ギリシャ・ローマの文化

 続けて世界の歴史を勉強していくぞ。紀元前8世紀ごろ，ギリシャ人は，アテネやスパルタのような都市国家を地中海各地につくっていった。

 都市国家って何だ？

 都市が1つの国家をつくっている形態のことよ。現代でも，シンガポールなんかは都市国家ね。

 このような都市国家を**ポリス**という。都市国家アテネの中心には，パルテノン神殿が築かれたんだ。

 知ってるよ。かなり立派な建物だよね。ちなみに，このころの日本はどんな感じなの？

 日本はまだ縄文時代だな。狩りをして暮らしていた。

 ええ，そんなに差があんの？

 そうね。アテネは文化だけではなくて，政治も発達していたのよ。都市国家の中心は，成年男子からなる市民で，**市民が全員参加する民会を開いて，国の方針を決めていた**の。この政治を民主政というわ。現在の民主主義の起源になる政治よ。

 紀元前5世紀には，攻めこんできたペルシャをポリスが連合して追いはらい，**ギリシャ文明の全盛期**を迎えたんだ。演劇や彫刻，哲学や医学などが発達した。

 日本は？

 まだ狩りだ。

 まだっ!?

 日本の歴史は次の回から勉強しようね。

 紀元前4世紀になると，北方にあったマケドニアという国がギリシャを征服したんだ。そして，**アレクサンドロス大王**がマケドニアの王になると，その**領土を東に大きく広げ**，インダス川にまで達した。

POINT

パルテノン神殿

POINT

アレクサンドロス大王の遠征

✓ **ギリシャの都市国家（ポリス）**…アテネ，スパルタ
✓ **アレクサンドロス大王**…東方まで支配→ヘレニズムの文化
✓ **ローマの政治**…王政→共和政→帝政

 ヨーロッパからインドくらいまで領土が広がったっていうこと？

 そうなの。その結果，ギリシャの文明が東方に伝わって**ヘレニズム（ギリシャ風）**の文化が生まれたのよ。この文化はインドや中国だけではなくて，日本にも影響をあたえたのよ。

 ギリシャの西にあるイタリアでも，都市国家のローマが生まれたんだ。紀元前6世紀に**王様が支配する王政**から，**貴族が率いる共和制**になり，イタリア半島を支配した。その後，内乱がおこり，**皇帝が支配する帝政**になったんだ。**ローマ帝国の始まり**だな。

 帝政だからローマ帝国ってことやんな？

 その通り！　ローマ帝国は首都をローマとし，ギリシャ文明を吸収して，さらに高度な文明を築いたんだ。有名なコロッセオとよばれる闘技場はこのころつくられたんだ。

練 習 問 題

▶解答は P.162

1 次の（　　）にあてはまる語句を，下から選びましょう。

(1)　紀元前8世紀ごろに，（　　　　　　　　）とよばれるアテネやスパルタのような都市国家がつくられました。

(2)　（　　　　　　　　）大王は，東に遠征を行い，ペルシャを征服し，インダス川にまで達しました。

(3)　(2)大王が東方まで遠征した結果，ギリシャ文明が伝わり，（　　　　　　　　）の文化が生まれました。

(4)　イタリア半島を支配していたローマでは，紀元前30年に内乱がおこり，皇帝が支配する（　　　　　　　　）帝国が成立しました。

〔　ローマ　　アレクサンドロス　　ポリス　　ヘレニズム　　スパルタ　〕

2 古代ローマの政治の移り変わりとして正しくなるように，次の**A〜C**を並びかえましょう。

A 共和政　　**B** 帝政　　**C** 王政

（　　　　→　　　　→　　　　）

旧石器・縄文・弥生文化

日本の歴史に入るぞ！　昔，日本列島は大陸と陸続きだったんだ。大陸から移動してきたマンモスやナウマンゾウを追いかけてきたのが日本人の祖先だ。このころ打製石器が使われていた。

打製石器……。ということは，**旧石器時代**だね。

田乃内くんすごい！　岩宿遺跡（群馬県）で打製石器が見つかったことから，日本にも旧石器時代があったことがわかったの。**旧石器時代は狩り，漁，採集をして暮らしていた**のよ。

時代が進むと，人々は土器をつくるようになる。採集した木の実を煮たりするんだ。**表面に縄目の文様がついたこの土器を** 縄文土器 という。縄文土器が使われていた時代が**縄文時代**だ。

> **玉** POINT
> 縄文土器

縄文時代の人々は たて穴住居 に住んで，旧石器時代と同じように，狩り，漁，採集をしていたの。食べ物の残りかすを捨てた**貝塚**もできたわね。あと，縄文時代には魔よけで**土偶**もつくられたの。

貝塚っていうのは，要するに食べ物のゴミ捨て場だな。

そうだ。そして紀元前5世紀ごろ，**大陸から稲作が伝わる**。狩りや採集で生活をするために，食べ物を探して移動していたけど，稲作が伝わると，移動しなくてよくなるね。そしてムラができていった。

> **玉** POINT
> 土偶

知ってる！　弥生時代やんな？

そう！　縄文土器よりも薄くて丈夫な 弥生土器 がつくられるようになるんだ。弥生土器がつくられた時代を**弥生時代**というんだ。収穫した米は 高床倉庫 に蓄えられたぞ。

> **玉** POINT
> 弥生土器

稲作と一緒に 青銅器 や**鉄器**なども伝わったのよ。青銅器の**銅鐸**は祭りの道具として使われたと考えられているの。

……銅鐸，どうやって使うん？　　…………。

稲作が始まると，稲や田をめぐって争いがおこるようになるんだ。そして**強いムラが弱いムラを従え**，やがて**クニ**になっていくんだ。

ちょ，ちょっと待って，銅鐸どうやって使うん！！？（←諸説あり。）

> **玉** POINT
> 銅鐸

☑ **縄文時代**…縄文土器，たて穴住居
☑ **弥生時代**…稲作の開始，弥生土器
☑ **金属器**…青銅器や鉄器が伝わった

練 習 問 題

▶解答は P.162

1 次の（　　　）にあてはまる語句を，下から選びましょう。

(1)　（　　　　　　　　　　）石器が使われた時代を旧石器時代といいます。

(2)　人々は，木の実や漁でとれた魚を煮て食べるため，（　　　　　　　　）土器をつくるようになりました。

(3)　魔よけや食物の豊かさをいのるために（　　　　　　　　）とよばれる土製の人形がつくられました。

(4)　大陸から稲作が伝わったころから，薄手でかたい（　　　　　　　　）土器がつくられるようになりました。

〔　弥生　　縄文　　打製　　磨製　　貝塚　　土偶　〕

2 次の問いに答えましょう。

(1)　日本で初めて打製石器が発見された遺跡を，次の**ア〜エ**から１つ選びなさい。
　　ア　登呂遺跡　　　　　**イ**　三内丸山遺跡
　　ウ　岩宿遺跡　　　　　**エ**　吉野ヶ里遺跡

（　　　　）

(2)　縄文時代の遺跡に見られる，食べ物の残りかすなどが大量に捨てられたあとを何といいますか。

（　　　　）

(3)　縄文時代の人々が住んでいた住居を何といいますか。

（　　　　）

(4)　稲作とともに伝わり，おもに祭りに使われたとされる右の図のような道具を，次の**ア〜エ**から１つ選びなさい。 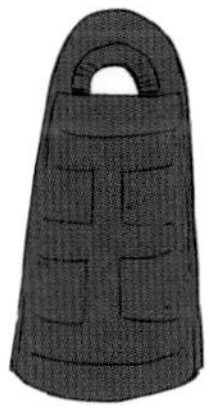
　　ア　打製石器　　**イ**　銅鐸
　　ウ　鉄器　　　　**エ**　金印

（　　　　）

(5)　収穫した稲を蓄えた倉庫を何といいますか。

（　　　　）

邪馬台国連合とヤマト政権

 紀元前1世紀ごろには，日本には100余りの小国があったんだ。その中でも，九州北部にあった**奴国の王が1世紀に中国の後漢に使いを送った**ぞ。

 知ってるで！　金のはんこもらったやつやろ？

 金に反応したな。

 江戸時代にみつかった金印には「漢委奴国王」と刻まれていたから，このときに贈られた金印だと考えられているんだ。

 3世紀には 邪馬台国 の女王**卑弥呼**が中国の魏に使いを送ったのよ。

 このときにも金印もらってるやんな？

 そうね。金印だけじゃなくて，「親魏倭王」の称号とかももらってるけど……。

 そういうのって，どうやってわかったの？

 中国の歴史書に書かれているんだ。例えば，卑弥呼はまじないで政治を行っていて，**邪馬台国は30ぐらいの小さい国を従えていた**ことなどが，「**魏志倭人伝**」に書かれている。

 なんでみんな中国に使いを送るんだ？

 当時の中国は文化の進んだ大きな国だったからな。中国に認められることで，他の国よりも上の立場につくことができた。

 ジャイアンのそばで威張るスネ夫みたいやな。

 3世紀の後半になると，奈良県を中心とする豪族が集まって， ヤマト政権 をつくったのよ。ヤマト政権の王は**大王**とよばれ，**東北地方南部から九州地方中部まで支配した**の。

 それも中国の歴史書に書かれていたのか？

 それは古墳でわかるんだ。ヤマト政権のグループは**前方後円墳**をつくるのが流行っていたから，前方後円墳があるところは，ヤマト政権に従っていたってことだからな。

 結構広い範囲を支配していたんだね。

POINT

金印の文字

POINT

渡来人

大陸や朝鮮半島から渡ってきた人々。須恵器や漢字，仏教などを伝えた。

POINT

古墳

豪族の墓。頂上や周りに埴輪が置かれた。

POINT

前方後円墳

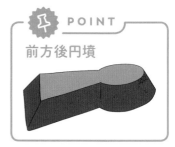

◇ **奴国**…奴国の王が後漢に使いを送る→金印
◇ **邪馬台国**…女王卑弥呼,『魏志倭人伝』
◇ **ヤマト政権**…近畿(きんき)地方の有力な豪族→各地に古墳

練 習 問 題

▶解答は P.162

1 次の(　　　　)にあてはまる語句を, 下から選びましょう。

(1) (　　　　　　　　)の卑弥呼は, 中国の魏に使いを送りました。

(2) 大王や豪族の墓として, 各地に大きな(　　　　　　　　)がつくられました。

(3) 大王や豪族の墓の頂上や周りには,(　　　　　　　　)とよばれる素焼(す や)きの土製品が置か
れました。

〔 ヤマト政権　邪馬台国　古墳　土偶　埴輪　須恵器 〕

2 次の問いに答えましょう。

(1) 卑弥呼が使いを送った中国の王朝を, 次の**ア**〜**エ**から 1 つ選びなさい。
　ア 漢　**イ** 隋(ずい)　**ウ** 宋(そう)　**エ** 魏
　　　　　　　　　　　　　　　　　　　　　　　(　　　　)

(2) ヤマト政権の支配者は, 4 〜 5 世紀には何とよばれるようになりましたか。
　　　　　　　　　　　　　　　　　　　(　　　　　　　)

(3) 方形と円形を組み合わせた, 右の図のような形をした古墳を何
といいますか。
　　　　　　　　　　　(　　　　　　　)

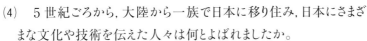

(4) 5 世紀ごろから, 大陸から一族で日本に移り住み,日本にさまざ
まな文化や技術を伝えた人々は何とよばれましたか。
　　　　　　　　　　　　　　　(　　　　　　　)

(5) (4)によって日本に伝えられたものとして誤っているものを,
次の**ア**〜**エ**から 1 つ選びなさい。
　ア 漢字　**イ** 仏教　**ウ** 鉄砲(てっぽう)　**エ** 須恵器
　　　　　　　　　　　(　　　　)

中国の王朝の名は
漢字で書けるように
しとけよ!

中国・朝鮮・日本の統一

ヤマト政権は朝廷とよばれ，大王は天皇とよばれるように今後変わっていくんだ。
6世紀後半，聖徳太子が推古天皇（初の女帝）の摂政になるんだ。

聖徳太子は知ってる！　で，摂政って何なん？

天皇が幼いときや女性のときに天皇を補佐する役職ね。

このころ，豪族が力を持っていたので，聖徳太子は蘇我馬子と協力して，天皇中心の政治をめざしたんだ。まずは冠位十二階の制だ。

冠の色で地位をわかるようにしたの。そして大事なことは，**家柄ではなく，才能や功績で役人を取り立てようとしたこと**ね。

おぉ！　じゃあがんばったら出世できるってことだな！　それはやる気出る！

続いて十七条の憲法。**役人の心構えを示した。**
また，中国の隋に遣隋使として小野妹子らを送って，**隋の進んだ文化を学ばせた**んだ。

待って待って，そんなにいっぺんに覚えられへん！

大丈夫。聖徳太子の政治は，冠位十二階の制，十七条の憲法，遣隋使の派遣の3つをおさえておくといいのよ。

ちなみに隋は30年ほどで滅んで唐にかわるんだけども，引き続き遣唐使を派遣したぞ。

隋に送るから遣隋使，唐に送るから遣唐使だね。

聖徳太子のめざした政治がここから続いていくんだよな？

そうでもないかな。聖徳太子が死ぬと，蘇我氏が独裁政治を行ったの。

あれ，蘇我氏って，馬子が聖徳太子と協力して政治をしてたやろ？

その子と孫だ。そして，蘇我氏の独裁に不満を持った**中大兄皇子と中臣鎌足**が，**645年に蘇我氏を倒して改革を始める**。これが大化の改新だ。

大化の改新は聞いたことあるぞ！　でも中身はわからん！　何をしたんだ？

- ✓ **中国の王朝**…隋→唐
- ✓ **聖徳太子の政治**…十七条の憲法，冠位十二階の制，遣隋使の派遣
- ✓ **飛鳥時代**…聖徳太子の政治→**大化の改新**→天武天皇・持統天皇

まずは 公地・公民 （制）だな。それまで**豪族が支配していた土地や人々を国が支配すること**を定めた。中央集権国家をめざしたんだ。のちに中大兄皇子は**天智天皇**として即位し，初めて戸籍をつくるなどの改革を進めたぞ。

このころの朝鮮半島は，**唐と新羅が連合して百済をほろぼした**の。百済と仲がよかった日本は百済復興の兵を送ったんだけど，唐と新羅の連合軍に負けちゃうの。これが**白村江の戦い**ね。

なるほど。だから，日本も皇室（天皇家）がリーダーシップをとって，一丸となって強い国をつくろうとしたんだね。

天智天皇の死後，天智天皇の弟と子があとつぎをめぐって戦った。これが 壬申の乱 だな。この戦いに勝った天智天皇の弟は**天武天皇**となる。ちなみに天武天皇の次の天皇は，奥さんだった**持統天皇**な。

天武天皇や持統天皇が新しい支配のしくみを整えていったのよ。

POINT

6～7世紀の朝鮮半島

高句麗

新羅

百済

練 習 問 題

▶解答は P.163

1 次の問いに答えましょう。

(1) 聖徳太子が役人の心構えを示したものを何といいますか。

（　　　　　　　　　）

(2) 聖徳太子が小野妹子らを派遣した中国の王朝は何ですか。

（　　　　　　　　　）

(3) 中大兄皇子らが蘇我氏を倒して始めた政治改革を何といいますか。

（　　　　　　　　　）

(4) (3)で示された，豪族が支配していた土地と人々とを天皇が支配することを何といいますか。

（　　　　　　　　　）

(5) 天智天皇の死後，天皇のあとつぎをめぐっておこった争いを何といいますか。

（　　　　　　　　　）

平城京と中央政治の乱れ

 701年に **大宝律令**（たいほうりつりょう）がつくられる。**律令にもとづいて政治を行う律令国家になったんだ。**

 たいほうりつりょう？

 唐の律令にならってつくられた法律で，律は刑罰（けいばつ），令はその他の決まりを定めたものね。

 710年，都が **平城京**（へいじょうきょう）に移される。ちなみに平城京も唐の都 長安（とう ちょうあん）にならってつくられた。

 中国大好きやな。

 奈良（なら）に都があった約70〜80年間を**奈良時代**というぞ。

 奈良時代の農民には **6歳以上のすべての男女に口分田**（さい／くぶんでん）**があたえられたの。** そして口分田は死後に国に返さなければならなかった。この制度が **班田収授法**（はんでんしゅうじゅのほう）ね。

 そして，人々には**租**（そ）（**口分田の収穫の約3％の稲**（しゅうかく／いね））・**調**（ちょう）（**特産物**）・**庸**（よう）（**労役の代わりの布**（ろうえき））や兵役など，重い税が課せられた。

 昔の人も色んな苦労があったんだね。

 重い税から逃れるために，逃亡する農民が増えると，口分田が荒れてしまうのよ。また，このころ人口も増えたため，口分田がいよいよ足りなくなってしまったの。

 そこで朝廷（ちょうてい）は，**新たに開墾した土地は死んでも返さなくていいよ**（かいこん）って「**墾田永年私財法**（こんでんえいねんしざいほう）」を定めたんだ。そうすると，どうなると思う？

 返さんでいいんやったら，がんばって開墾しよかなって思うわ。

 うんうん。

 そうかな，お金持ちはこう考えると思う。"人を雇（やと）っていっぱい開墾したら，ここもあそこも全部私の土地よ！　やったー!"って。

 ……。金持ちえぐいな。

POINT

奈良時代の人々の負担

租	収穫量の約3％の稲
調	特産物
庸	労役の代わりの布
雑徭（ぞうよう）	各国での労役
兵役	各地の軍団で訓練を受ける。一部の人は衛士（えじ）（都の警備）や防人（さきもり）（九州（きゅうしゅう）北部の防衛）

| 最重要まとめ |

- ✓ **律令国家の成立…大宝律令，平城京**
- ✓ **奈良時代の農民の負担…租，調，庸，兵役**
- ✓ **人口の増加→口分田の不足→墾田永年私財法による荘園の成立**

 ということで，**力のある貴族や寺社は農民を使って開墾し，私有地を広げていった**。この私有地を
荘園(しょうえん)というんだ。結果，公地(こうち)・公民(こうみん)(制)がくずれていくんだ。

練 習 問 題

▶解答は P.163

1 次の(　　　)にあてはまる語句を，下から選びましょう。

(1)　710年，奈良につくられた都は(　　　　　　　　)といいます。

(2)　農民に課せられた税のうち，(　　　　　　　　)は収穫量の約3%の稲を納めるもの，
(　　　　　　　　)は地方の特産物を納めるもの，(　　　　　　　　)は労役の代わりに
布を納めるものです。

〔　平城京　　平安京　　調　　庸　　租　〕

2 次の問いに答えましょう。

(1)　701年，中国の唐にならってつくられた法律を何といいますか。

(　　　　　　　　　)

(2)　奈良の都は唐の何という都にならってつくられましたか。

(　　　　　　　　　)

(3)　戸籍にもとづいて，6歳以上のすべての人に土地をあたえ，死ぬと国に返させることを定めた法
を何といいますか。

(　　　　　　　　　)

(4)　(3)によって，6歳以上のすべての人にあたえられた土地を何といいますか。

(　　　　　　　　　)

(5)　奈良時代，九州北部の防衛にあたった兵士を何といいますか。

(　　　　　　　　　)

(6)　新しく開墾した土地の永久私有を認めた法を何といいますか。

(　　　　　　　　　)

▶解答は P.163 〜 164

勉強した日　　　　月　　　　日	得点
	/100点

まとめのテスト

1 次の問いに答えましょう。　　　　　　　　　　　　　　　　6点×5（30点）

（1）　人類の進化の順に並べたものを，次の**ア〜エ**からそれぞれ選びなさい。

ア　原人→猿人→新人　　　**イ**　原人→新人→猿人

ウ　猿人→原人→新人　　　**エ**　猿人→新人→原人

（　　　）

（2）　右の**地図**を見て，各問いに答えなさい。

①　**地図**中の**A**〜**C**の地域に栄えた文明の名をそれぞれ答えなさい。

A（　　　　　　　）文明

B（　　　　　　　）文明

C（　　　　　　　）文明

②　**地図**中の**C**の古代文明と関係の深いものを，次の**ア〜エ**から選びなさい。

ア　楔形文字

イ　モヘンジョ・ダロ

ウ　ピラミッド

エ　太陽暦

地図

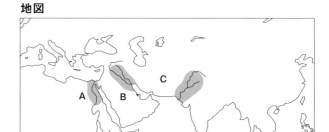

（　　　）

2 次の問いに答えましょう。　　　　　　　　　　　　　　　　4点×4（16点）

（1）　縄文土器が使われたころの説明として正しいものを，次の**ア〜エ**から選びなさい。

ア　王があらわれた。　　　　　**イ**　魔よけなどのために土偶がつくられた。

ウ　各地にクニが生まれた。　　**エ**　大陸から鉄器が伝えられた。

（　　　）

（2）　縄文時代の人々が食べ物の残りかすを捨てたあとを何といいますか。

（　　　　　　　　　）

資料

（3）　弥生時代に使われた，収穫した稲を蓄えた建物を何といいますか。

（　　　　　　　　　）

（4）　右の**資料**は，弥生時代に祭りの道具として使われたとされる青銅器です。この青銅器を何といいますか。

（　　　　　　　　　）

3 次の問いに答えましょう。 5点×6(30点)

(1) 右の**資料**は, 聖徳太子が定めた法です。これについて, 各問いに答えなさい。

① 右の**資料**を何といいますか。

（　　　　　　　　　）

② これは, だれに対しての心構えを示したものですか。次の**ア**〜**エ**から選びなさい。

ア 天皇　**イ** 農民　**ウ** 僧　**エ** 役人

（　　　　）

資料

> 一に曰く, 和をもって貴しとなし, さからうことなきを宗とせよ。
> 二に曰く, あつく三宝を敬え。三宝とは, 仏・法・僧なり。

(2) 聖徳太子は, 才能や功績のある人物を役人に取り立てるために新しい制度をつくりました。この制度を何といいますか。

（　　　　　　　　　）の制

(3) 大化の改新を進めた人物を, 次の**ア**〜**エ**から2人選びなさい。

ア 小野妹子　**イ** 中臣鎌足　**ウ** 中大兄皇子　**エ** 蘇我馬子

（　　　）（　　　）

(4) 大化の改新で行われた政策を, 次の**ア**〜**エ**から選びなさい。

ア 大宝律令を制定した。　　**イ** 公地・公民(制)を進めた。
ウ まじないで政治を行った。　**エ** 平城京に都を移した。

（　　　　）

4 次の問いに答えましょう。 4点×6(24点)

(1) 右の**資料**は, 奈良時代の人々の負担についてまとめたものです。これを見て, 各問いに答えなさい。

① **資料**中の**A**〜**C**にあてはまる語句を, 次の**ア**〜**ウ**からそれぞれ選びなさい。

ア 調　**イ** 租　**ウ** 庸

A（　　　）B（　　　）C（　　　）

② **資料**中の**D**にあてはまる語句を答えなさい。

（　　　　　　　　　）

資料

	内　容
A	収穫量の約3%の稲
B	特産物
C	労役の代わりの布
雑徭	各国での労役
兵役	衛士…都の警備 **D**…九州北部の防衛

(2) 奈良時代, 戸籍に登録された6歳以上のすべての男女にあたえられ, 死ぬと国に返させた土地を何といいますか。

（　　　　　　　　　）

(3) 人口が増え, (2)が不足すると, 開墾した土地の永久私有を認める法令が出されました。この法令を何といいますか。

（　　　　　　　　　）

02

古代から
中世へ

Theme | 07 ›› 11

さて，奈良時代まで勉強が終わったわけだが…

問題！
奈良時代に政治の実権を握っていたのは？

はいっ！
天皇！

ピンポンピンポン☆

正解！

よっしゃー‼

あ〜
ウチが答えたかった！

くそっ！
オレも押してたのに！

べべべべべべ

そして，奈良時代から平安時代になると天皇よりも大きな権力を握る者があらわれる

貴族だ。

平安時代の貴族はこんな感じね

あ，
なんかみたことある

眉毛
上すぎるやろ

貴族なんて，オレは全然知らないでおじゃる～

オホホホホ

まった洸はしょーもないこと…

そして権力は天皇に戻り，次に権力を握ったのが武士だ

ここからしばらく武士の時代が続くぞ

さぁ詳しく見ていこう！

拙者，武士も知らないでござる～！

めげない！

ボケが分かりづらかったのかな？

いいえ。多分ドヤ顔がイラッとしたのよ

おじゃる～！ラぎむ～！！

スルー　スルー

07 イスラムとヨーロッパ世界の発展

 今回は，いったん世界に目を向けてみよう。

 いやいや，無理無理！　日本の歴史だけでお腹いっぱい！

 そやそや！　世界までいったらこんがらがるわ！

 世界でおこっているできごとと，日本でおこっているできごとは必ずしも別々じゃないのよ。必ずどこかでつながっているんだよ。

 まぁまぁ，とりあえず一回聞いてみようよ。

 それじゃあまずはヨーロッパからいくぞ。紀元前27年に成立した ローマ帝国 は，4世紀に東西に分かれた。

 東ローマ帝国はビザンツ帝国として15世紀にオスマン帝国に征服されるまで続くんだけど，西ローマ帝国はゲルマン民族によってほろぼされて各地で小国がおこるの。小国の中でも有名なのは フランク王国 ね。

 キリスト教 はローマ帝国の国教だったので，その後のヨーロッパでもキリスト教が広く信仰されたんだ。ちなみに，西ヨーロッパを中心としたカトリック教会，東ヨーロッパを中心とした正教会に分かれたんだ。

 え，キリスト教って1つじゃないん？

 いくつかあるんだよ。カトリック教会で一番偉い人が ローマ教皇 だぞ。

 次はアジアね。7世紀にアラビア半島で ムハンマド がイスラム教を開くの。イスラム教は周辺に広がり，イスラム帝国ができたのよ。

 キリスト教とイスラム教は地理でも習ったな！

 イスラム教の聖典は覚えてるか？

 えっと，確かコーラン（クルアーン）だったよね。

POINT

8世紀ごろのイスラム帝国

♡ ローマ帝国→東西に分裂→ビザンツ帝国やフランク王国
♡ キリスト教世界…カトリック教会と正教会
♡ イスラム教世界…ムハンマド, イスラム帝国

 じゃあ, イスラム教の聖地は?

 メッカとか, エルサレムだったかな。

 あれ? エルサレムはキリスト教の聖地ちゃうかったっけ?

 エルサレムはキリスト教とイスラム教, さらにユダヤ教の聖地なんだ。だから宗教勢力どうしで奪い合うことになるんだ。これはあとにしておこう。

 ちなみに**イスラム帝国は, ヨーロッパと中国・インドをつなぐ貿易経路**として発展していくのよ。シルクロード(絹の道)経由で日本とも関わっているからね。

 おっ, ここでつながった!

練 習 問 題

▶解答は P.164

1 次の(　　　)にあてはまる語句を, 下から選びましょう。

(1) アラビア半島に生まれた(　　　　　　　　)は, 7世紀にイスラム教を開きました。

(2) キリスト教は, 西ヨーロッパを中心とする(　　　　　　　　)と, 東ヨーロッパを中心とする
(　　　　　　　　)に分かれました。

(3) キリスト教とイスラム教の共通の聖地は(　　　　　　　)です。

〔 **イエス　　ムハンマド　　カトリック教会　　正教会　　エルサレム** 〕

2 次の問いに答えましょう。

(1) イスラム教の聖典を何といいますか。

(　　　　　　　　　　)

(2) イスラム教徒が西アジアを中心に建設した広大な国を何といいますか。

(　　　　　　　　　　)

平安京と地方政治の乱れ

貴族や僧の勢力争いをさけるため, 桓武天皇が都を784年に長岡京に, 794年に 平安京 に移した。ここから本格的に**平安時代**が始まる。

知ってるで。「794ウグイス平安京」やろ?

都を移した桓武天皇は, まず, 当時, **朝廷の支配に抵抗していた東北地方の蝦夷を平定する**ために, 坂上田村麻呂 を**征夷大将軍**に任命した。

「誠意大将軍」ってちょっとかっこいいな。

その"誠意"だと, 一気にうさんくさくなるね。「蝦夷」を「征討」するから"征夷"大将軍というの。

征夷大将軍は, 鎌倉時代以降とても大事な役職になるんだ。また何度も出てくるからな。

ちなみに, 蝦夷の指導者は**アテルイ**ね。坂上田村麻呂はアテルイを降伏させ, 朝廷は東北地方まで勢力を広げたの。

ほかにはどんなことをしたの?

農民の兵役をやめたり, 新たに役人を置いたり, さまざまな改革を行ったんだ。

そしたらだいぶ平和な時代になったんやろうな。

う～ん, そうでもないな。都のある中央はともかく, 地方がひどかった。

なんで!?

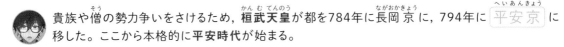

ⅠPOINT

平安時代前期の仏教
天台宗…最澄が比叡山の延暦
　　　　寺で伝えた。
真言宗…空海が高野山の金剛
　　　　峯寺で伝えた。

地方の政治は, 朝廷から派遣された国司が行っていたんだが, 朝廷も地方まで目が行き届かないだろ?　税さえきちんと納めてくれればいいよって, 10世紀ぐらいからお任せになってしまったのもあって, 彼らも税をとる以外はあまり働かなくなってしまったんだな。

まぁ, 見張りの目がなかったら手を抜く気持ちはわかる。

こうして地方の政治は乱れていったんだ。

社会が乱れると, 自分の身や土地を守るために戦う, 武士 が登場するの。**武士で有名なのは清和源氏と桓武平氏**ね。でも, 主役になるのはもう少しだけ先なのよ。

♡ **平安京**…桓武天皇が遷都
♡ **蝦夷の平定**…坂上田村麻呂を征夷大将軍として派遣
♡ **平安前期の仏教**…最澄（天台宗），空海（真言宗）

練 習 問 題

▶解答は P.164

1 次の（　　　）にあてはまる語句を，下から選びましょう。

(1) 794年，京都につくられた都は（　　　　　　　　）といいます。

(2) （　　　　　　　　）を伝えた最澄は，比叡山に（　　　　　　　　）を建て，
（　　　　　　　　）を伝えた空海は，高野山に（　　　　　　　　）を建てました。

〔　平城京　　平安京　　真言宗　　天台宗　　延暦寺　　金剛峯寺　〕

2 次の問いに答えましょう。

(1) 都を京都に移した天皇を，次の**ア～エ**から１人選びなさい。
　ア　桓武天皇　　**イ**　聖武天皇
　ウ　持統天皇　　**エ**　天武天皇

（　　　　）

(2) 平安京は，何という都から移されましたか。

（　　　　）

(3) 蝦夷を支配するために，東北地方に派遣された人物はだれですか。

（　　　　）

(4) (3)は何という職に任命されましたか。

（　　　　）

(5) 平安時代の初めに，蝦夷の指導者として，朝廷の軍と戦った人物はだれですか。

（　　　　）

(6) 都から派遣され，地方の政治を行った役人を何といいますか。

（　　　　）

平安時代の仏教
は伝えた人と場所
が大事だね。

東アジアの変化と摂関政治

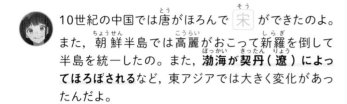

POINT

10世紀の東アジア

西夏

契丹(遼)

高麗

宋(北宋)

10世紀の中国では唐がほろんで **宋** ができたのよ。また，朝鮮半島では高麗がおこって新羅を倒して半島を統一したの。また，**渤海が契丹(遼)によってほろぼされる**など，東アジアでは大きく変化があったんだよ。

唐の次は宋か。日本は遣唐使を送っていたんだから，なるほど。次は「遣宋使」だな！

「遣宋使」はない。　　えっ!!

遣唐使もね，途中でやめちゃったの。　　ええっ!!

遣唐使に任命された **菅原道真** がね，唐も弱ってるし，行っても意味ないよ。それに，行くの危ないから，もう**遣唐使止めようぜって言って受け入れられた**の。

……。それって……。

あぁ。多分行きたくなかったんだろう…。

ええの？　それでええの？　遣唐使ってそんなもんなん？

ということで，日本は日本でいろいろあった。このころの主役は貴族だ。**藤原氏が実権をにぎる**んだ。ちなみに藤原氏は中臣鎌足の子孫だ。

天皇でもないのにどうやって？

まず，**自分の娘を天皇のきさきにする。そして生まれた子を次の天皇にたてる。**すると，自分は天皇のおじいちゃんってわけだ。

天皇が幼いときには**摂政**として政治を行う。成人したら**関白**として政治の補佐を行う。摂政と関白が中心となる政治を **摂関政治** というのよ。

摂関政治の全盛期は，なんといっても**藤原道長・頼通**父子のときだな。

　ずるい！　なんか藤原氏ずるい！

そうそう。やっぱりいろいろうらみもかうからね。武士をボディガードに雇うんだ。摂関家のボディガードとして源氏が活躍したぞ。

| 最 重 要 ま と め |

✓ **中国の王朝**…隋→唐→宋
✓ **平安中期の政治**…藤原氏による摂関政治
✓ **藤原氏の全盛**…藤原道長・頼通父子

練 習 問 題

▶解答は P.164

1 次の(　　　)にあてはまる語句を, 下から選びましょう。

(1) 唐がほろびたあと, 中国を統一した王朝は(　　　　　　　　　)です。

(2) 朝鮮半島では, 10世紀初めに(　　　　　　　　　)がおこり, やがて新羅をほろぼしました。

(3) 天皇が幼いときに天皇にかわって政治を行う職を(　　　　　　　　), 成人した天皇を補佐して政治を行う職を(　　　　　　　　)といいます。

〔 隋(ずい)　漢(かん)　宋　高句麗　高麗　征夷大将軍(せいいたいしょうぐん)　摂政　関白 〕

2 次の問いに答えましょう。

(1) 遣唐使の停止を訴え, 認められた人物はだれですか。

(　　　　　　　　　　)

(2) 藤原氏が摂政や関白の地位を独占して行った政治を何といいますか。

(　　　　　　　　　　)

(3) 娘を天皇のきさきにし, その子を次の天皇にたてることで勢力をのばし, 右の歌をよんだ人物はだれですか。

(　　　　　　　　)

> この世をば　わが世とぞ思ふ(う)
> 望月(もちづき)の　欠けたることも
> なしと思へば(え)

(4) (3)の人物の子で, ともに藤原氏の全盛期を築いた人物はだれですか。

(　　　　　　　　　　)

藤原氏ずるいなぁ〜。

院政と平氏政権

藤原氏との関係が薄い後三条天皇が即位すると，自ら政治を行うことで，摂関政治を中断させたのよ。

それじゃあ，また天皇中心の政治に戻るの？

惜しいが，ちょっと違う。次は「上皇」中心の政治になる。

じょうこう？

位をゆずったもと天皇のことよ。部活のOBみたいなものね。

あ～，引退したくせに口出ししてくる先輩な。超めんどくさいやつやん。

後三条天皇の次に即位した白河天皇は，位を幼い天皇にゆずったあとも上皇として院（上皇の住まい）で政治の実権をにぎった。これを　院政　というんだ。

ちなみに院では平氏をボディガードにやとったのよ。

前回は源氏が出てきたやんな。いよいよ源氏と平氏が戦うん？

院政が始まって70年ほどたったころ，天皇家と摂関家でともにあとつぎ争い（保元の乱）がおこるんだ。そこで勝利した側についていたのが　平 清盛　と　源 義朝　だ。
そしてこの2人が対立して，いよいよ平氏対源氏の戦いがおこる。**平治の乱**だ。

出たーー！　で，どっちが勝ったん？

この戦いに平氏が勝利すると，平氏の棟梁だった平清盛は武士出身者として初めて　太政大臣　となり，政治の実権をにぎる。**ここから武士の政治が始まる**ぞ。

で，清盛はどんな政治をするんだ!?

まず，**娘を天皇のきさきにして権力を強め，朝廷の重要なポジションを平氏で独占**する。

ちょっと待って。それなんか聞いたことあるで。デジャブや。

そう。藤原氏が行った貴族のような政治を行ってしまい，周りの反感をかうんだ。

ちなみに清盛は**大輪田泊（神戸市）**という港を整備して，**宋**と直接貿易を行っていたの。これを**日宋貿易**というのよ。貿易でだいぶかせいでいたみたいね。

♢ **摂関政治の衰え**…後三条天皇の親政→白河上皇の院政
♢ **武家政治の成長**…院政→保元の乱・平治の乱→源平の争乱
♢ **平氏政権**…平清盛を中心に朝廷の重要な役職を平氏で独占

練 習 問 題

▶解答は P.165

1 次の（　　　）にあてはまる語句を，下から選びましょう。

(1) （　　　　　　　）天皇は，藤原氏と関係が薄かったことから自ら政治を行い，摂関政治をおさえました。

(2) （　　　　　　　）天皇は上皇となったのちも政治の実権をにぎる（　　　　　　　）を始めました。

(3) 平清盛は大輪田泊という港を整備して，（　　　　　　　）と貿易を行いました。

〔 桓武　　後三条　　白河　　藤原氏　　院政　　摂関政治　　宋　　唐 〕

2 次の問いに答えましょう。

(1) 1156年，天皇家と摂関家のそれぞれのうちわもめからおこった戦乱を，次の**ア〜エ**から１つ選びなさい。
　ア 平治の乱　　**イ** 壬申の乱
　ウ 保元の乱　　**エ** 大化の改新
　　　　　　　　　　　　　　　　　　　　　　　（　　　　　　　）

(2) 源氏との戦いに勝利し，政治の実権をにぎった平氏の棟梁はだれですか。
　　　　　　　　　　　　　　　　　　　　　　　（　　　　　　　）

(3) (2)の人物が，武士出身者として初めて任命された朝廷の役職は何ですか。
　　　　　　　　　　　　　　　　　　　　　　　（　　　　　　　）

平安時代から部活のOBっているんだな！

鎌倉幕府の成立と発展

平氏の独裁政治に対して，伊豆に流されていた 源 頼朝 が打倒平氏の兵を挙げる！

おおぉ！

頼朝の弟の 源 義経 もこれに加わると，平氏を一気に西へ追いやったんだ。

義経が率いた源氏軍が，**1185年の壇ノ浦の戦いで平氏をほろぼしたのよ。**

義経，めっちゃかっこいいやん！

でもね，義経は頼朝に謀反の疑いをかけられて東北の平泉 に逃げるの。

助かったんやんな？

義経をかくまった**奥州藤原氏**と一緒にほろぼされたんだ。

そりゃないぜ頼朝ぉ！　義経，あんなに一生懸命戦ったのにぃ！！

（…肩入れがひどいな）

頼朝は義経を捕えるという口実で，1185年，国ごとに 守護 を，翌年には荘園や公領ごとに 地頭 を置くことを朝廷に許されるのよ。

そして，1192年に**征夷大将軍**に任命される。

征夷大将軍？　聞いたことあるやつや！　坂上田村麻呂やったっけ？

そう。これ以降，征夷大将軍に任命された者が政治の実権をにぎるんだ。

昔は1192つくろう鎌倉幕府で覚えていたけど，今は**1185年に成立した**という説が強いわ。

守護と地頭ってどういう役目なの？

守護は軍事や警察，地頭は荘園・公領の管理や税の取り立てを行ったんだ。

鎌倉幕府の将軍に直接仕えた武士を 御家人 というのよ。

POINT

源平合戦

壇ノ浦の戦い
（1185年3月）

一ノ谷の戦い
（1184年2月）

平泉

石橋山の戦い
（1180年8月）

京

富士川の戦い
（1180年10月）

屋島の戦い（1185年2月）

♡ **平氏の滅亡**…源頼朝の挙兵→源義経の参戦→壇ノ浦の戦い
♡ **鎌倉幕府**…守護・地頭を全国に配置した本格的な武士の政権
♡ **将軍と御家人の関係**…御恩と奉公という封建制度

 仕えるってどういうことだ？

今の会社みたいに考えればいいぞ。
給料をもらえるから幕府のために働く，みたいなもんだ。

将軍が土地や役職をあたえてくれるの。これが御恩。だから御家人は，京都や鎌倉の警備を行い，合戦があれば「いざ鎌倉」と命がけで将軍のために戦うの。これが奉公ね。
こんな関係を 封建 制度というのよ。

練 習 問 題

▶解答は P.165

1 次の（　　　）にあてはまる語句を，下から選びましょう。

(1) 1185年，国ごとに（　　　　　　　）が，翌年には荘園や公領ごとに（　　　　　　　）が置かれました。

(2) 将軍が御家人に新しい領地をあたえたりすることを（　　　　　　　），御家人が武力で忠誠を誓うことを（　　　　　　　）といいます。

〔 国司　守護　地頭　郡司　奉公　御恩 〕

2 次の問いに答えましょう。

(1) 平氏がほろぼされた戦いを何といいますか。

（　　　　　　　　　）

(2) (1)の戦いで平氏をほろぼしたのはだれですか。

（　　　　　　　　　）

(3) 鎌倉幕府を開いた人物はだれですか。

（　　　　　　　　　）

(4) 1192年に(3)の人物が任命された役職は何ですか。

（　　　　　　　　　）

▶解答は P.165〜166

勉強した日　　　　月　　　日	得点
	/100点

まとめのテスト

1 次の問いに答えましょう。　　　　　　　　　　5点×5(25点)

(1) 右の**地図**中のアラビア半島について, 各問いに答えなさい。

① アラビア半島で開かれた宗教を, 次の**ア〜エ**から選びなさい。

ア キリスト教　　**イ** ヒンドゥー教

ウ イスラム教　　**エ** 仏教

(　　　)

② ①の宗教を開いた人物はだれですか。

(　　　　　　　)

③ **地図**中の■の都市は, 複数の宗教の聖地となっています。この都市を何といいますか。

(　　　　　　　)

地図

アラビア半島

(2) 次の文中の　**X**　, **Y**　にあてはまる語句を, それぞれ答えなさい。

中世ヨーロッパのキリスト教は, 西ヨーロッパを中心とした　**X**　と東ヨーロッパを中心とした　**Y**　に分かれた。

X (　　　　　　　) **Y** (　　　　　　　)

2 次の問いに答えましょう。　　　　　　　　　　5点×6(30点)

(1) 桓武天皇によって, 794年に移された都を何といいますか。　(　　　　　　　)

(2) 次の人物の名前をそれぞれ答えなさい。

① 真言宗を伝え, 高野山金剛峯寺を建てた。　　　　(　　　　　　　)

② 天台宗を伝え, 比叡山延暦寺を建てた。　　　　　(　　　　　　　)

(3) 10世紀に, 朝鮮半島を統一した国を, 次の**ア〜エ**から選びなさい。

ア 新羅　　**イ** 高句麗　　**ウ** 高麗　　**エ** 百済　　　　(　　　)

(4) 藤原氏の政治について述べた, 次の文中の　**X**　, **Y**　にあてはまる語句を, それぞれ答えなさい。

藤原氏は, 娘を天皇のきさきとし, その子を次の天皇にたて, 天皇が幼いときは　**X**　, 成人すると　**Y**　として政治の補佐を行った。

X (　　　　　　　) **Y** (　　　　　　　)

3 次の問いに答えましょう。 5点×6（30点）

(1) 院政を始めた上皇はだれですか。

（　　　　　　　）

(2) 1159年に平清盛が源義朝を破った戦いを、次のア～ウから選びなさい。

ア 壬申の乱　　**イ** 保元の乱　　**ウ** 平治の乱

（　　　　　）

(3) 平清盛が行った貿易について各問いに答えなさい。

① 平清盛が貿易を行うために整備した港を、右の**地図**中のア～オから選びなさい。

（　　　　　）

地図

② 平清盛が貿易を行った中国の王朝を、次のア～エから選びなさい。

ア 隋　　**イ** 宋　　**ウ** 漢　　**エ** 唐

（　　　　　）

(4) 源義経が平氏をほろぼした場所を、**地図**中のア～オから選びなさい。

（　　　　　）

(5) 源義経をかくまったとして源頼朝にほろぼされた、奥州藤原氏が勢力をのばしていた地方を、次のア～エから選びなさい。

ア 東北地方　　**イ** 関東地方　　**ウ** 中部地方　　**エ** 近畿地方

（　　　　　）

4 次の問いに答えましょう。 5点×3（15点）

(1) 鎌倉幕府の支配について述べた次の文中の　**X**　，　**Y**　にあてはまる語句の組み合わせとして正しいものを、あとのア～エから選びなさい。

> 国ごとに　**X**　を置いて軍事や警察の役割を、荘園や公領ごとに　**Y**　を置いてその管理や税の取り立てを行わせた。

ア **X**－地頭　**Y**－守護　　**イ** **X**－地頭　**Y**－国司

ウ **X**－守護　**Y**－地頭　　**エ** **X**－守護　**Y**－国司

（　　　　　）

(2) 鎌倉幕府の主従関係について、各問いに答えなさい。

① 将軍が御家人に土地や役職をあたえることを何といいますか。

（　　　　　　　）

② ①に対し、御家人が京都や鎌倉の警備を行い、合戦があれば命がけで戦うことを何といいますか。

（　　　　　　　）

中世社会の
混乱

Theme | **12** ››› **16**

いよいよ武士の時代になったけど,鎌倉時代はどれくらい続くん？

鎌倉幕府は12世紀末に成立したんだが,14世紀前半にはほろびるんだ

鎌倉幕府はなんでほろんだんだ？

きっかけとなったのは蒙古襲来だな

当時の中国を支配していた元軍が攻めて来たんだ

元軍にほろぼされたんか？

そうじゃなくて御家人たちが不満を持ってしまったんだ

あとで詳しく勉強しよう

鎌倉幕府がほろんだ後はどうなるの？

鎌倉⇒室町

次に室町時代が始まるのよ

室町時代自体は230年ぐらい続くんだけど

後半には,将軍の後継争いから応仁の乱がおこって戦乱が全国に広がったの

この約100年間を戦国時代というよ

戦国時代は各地の大名がそれぞれの領地を支配し始めたから,

室町幕府が実権を握っていたのは実質140年ぐらいね

戦国時代には下剋上の風潮が広がるんだよ

下剋上?

イメージ

はい次の問題は○○ページの...

ひーーっ!

教科書○○ページ...

ここは○○ページの...

そうね。分かりやすくいうと,みんなが伊坂くんに勉強を教えるようになる感じかな

やろうよ下剋上!

それいいやん!それいいやん!

ウチは歳じゃ...

ビッシビシいくからな!

ほうなにを教えてくれるのかな?

ギクーッ!!

十字軍とモンゴル帝国

 さぁ，今回はまた世界の歴史を見てみよう！

 世界の歴史と日本の歴史はつながってるんだよね。

 そうだ。どこでつながるかはお楽しみだな。
今回の舞台はエルサレムだ。

 えっと，たしか前回少し勉強したな…。キリスト教の聖地だったっけ？

 いやいや，イスラム教の聖地やろ？

 どちらも正解よ。Theme 7で勉強したように，**エルサレムはキリスト教だけでなく，ユダヤ教やイスラム教の聖地でもあるの**。だから話がややこしくなるのよ。

 7世紀にはイスラム帝国が拡大して，聖地**エルサレム**がその支配下になっていたんだ。11世紀末，カトリック教会のトップだった**ローマ 教 皇（法王）**のよびかけで 十字軍 が派遣された。

 なんで？

 キリスト教の聖地エルサレムをイスラム教徒から取り戻せ！　って。

 取り戻したのか？

 最終的に失敗した。しかも何回も。

 何回も！！　5回ぐらいか？

 9回※よ。そして，最終的にはローマ教皇の権威も 衰 えたわ。まぁ，ついていけなくなる人の気持ちもわかるね。(※諸説あり。)

 でも，いいこともあるぞ。ヨーロッパとアジアが接したことで，**ヨーロッパには紙とか火薬みたいな新しい文化が伝えられた**んだ。

 このままアジアも勉強していこっか。13世紀初めのアジアでは， チンギス・ハン がモンゴル帝国を建国したの。

 ジンギス・カン？　北海道を代表する焼肉料理の？

 そうそう。ジンギスカンの名前の由来はチンギス・ハンだといわれてるんだ。

♡ **キリスト教とイスラム教の対立…十字軍の派遣**
♡ **モンゴル帝国…チンギス・ハンが広大なユーラシア大陸を支配**
♡ **元…チンギス・ハンの孫のフビライ・ハンが建国**

 モンゴル帝国はアジアからヨーロッパにまたがる大帝国で，ユーラシア大陸を東西にまたがって支配したのよ。

 あんなに広い大陸を東西に？　すごいね！

 チンギス・ハンの死後，モンゴル帝国は5つに分かれたんだ。孫の フビライ・ハン は皇帝となって東アジアを支配した。**都を大都（北京）に移し，国号を元としたぞ。**

 で，それがジンギス・カン以外どこで日本とつながるんだよ。

 ……次回の話になるんだが，……元が日本に攻めてくる！

  えぇぇぇぇ!!!

練 習 問 題

▶解答は P.166

1 次の問いに答えましょう。

(1) ローマ教皇の命令で，イスラム帝国から聖地エルサレム奪還を目的として派遣された兵を何といいますか。

（　　　　　　　　　）

(2) 13世紀初めごろに，広大なユーラシア大陸の東西にまたがってつくられた大帝国を何といいますか。

（　　　　　　　　　）

(3) (2)を建国したのはだれですか。

（　　　　　　　　　）

(4) (3)の人物の死後，東アジアを支配し，国号を元としたのはだれですか。

（　　　　　　　　　）

(5) 元の首都が置かれた都市はどこですか。

（　　　　　　　　　）

世界の歴史と日本の歴史のつながりを学んでいってね。

蒙古襲来と鎌倉幕府の滅亡

 もっくん，ちょっと待ってや！　元（げん）が日本に攻めてくんの？

 確か日本は 源 頼朝（みなもとのよりとも）が鎌倉幕府（かまくらばくふ）を開いたよね？

 うん。じゃあ源頼朝が亡くなったあとの鎌倉幕府を見ていこっか。

 源頼朝の死後，鎌倉幕府で政治の実権をにぎったのは北条氏（ほうじょうし）だ。

 源氏（げんじ）じゃなくて？　北条氏ってだれだよ！

 源頼朝の奥さんが北条政子（まさこ）。簡単にいうと，奥さんの実家だな。北条氏は，鎌倉幕府で将軍を補佐（ほさ）する 執権 という役職について政治を行った。

 奥さんの実家かぁ。鬼嫁（おによめ）系のやつっぽいな。

 頼朝の死後，実権を取り返すチャンスだと思った後鳥羽上皇（ごとばじょうこう）が 承久の乱（じょうきゅうのらん） をおこすんだ。幕府と朝廷（ちょうてい），どちらにつくか迷っている御家人（ごけにん）たちに，北条政子が喝（かつ）をいれるんだ。

POINT

鎌倉幕府のしくみ

```
              ┌─────────┐
              │  将 軍  │
              └────┬────┘
                 評定（ひょうじょう）
        ┌──────────┴──────────┐
〈地方〉│評定衆（ひょうじょうしゅう）│  執 権（しっけん）  │〈中央〉
        └──────────┬──────────┘
   ┌────┬────┬────┬────┬────┬────┐
  地頭  守護  六波羅  問注所  政所  侍所
             探題
  年荘  国御  京朝  裁  幕  御軍
  貢園  内家  都廷  判  府  家事
  の取  の人  のの  （  の  人
  警り  軍の  警監  問  財  の
  察立  事統  備視  注  政  統
  てや  ・率        所  な  率
  公領  警            ）  ど
  の管  察                （
  理  （西日本の武士の統率）政所）（侍所）
```

 なんて言ったの？

 「みんな頼朝さんのお世話になったでしょうが！　この恩知らず！！」って。

 うん。多分超恐い系の奥さんだな。

 まぁそれで**承久の乱では幕府側が勝利して，後鳥羽上皇は隠岐（おき）（島根県（しまね）**に流される。**その後，朝廷が反乱をおこさないように監視（かんし）する，** 六波羅探題（ろくはらたんだい） という役所を 京都（きょうと）につくる。

 この乱のあとから北条氏は特に力をつけていくのよ。**執権は北条氏が独占（どくせん）する**の。執権が中心となる政治を**執権政治**というからね。

 執権で有名な人はいるの？

 覚えて欲しい執権はズバリ２人。３代執権の**北条泰時（やすとき）**と８代執権の**北条時宗（ときむね）**だ。

 北条泰時は 御成敗式目（貞永式目）（ごせいばいしきもく　じょうえい） という，武士で初めての法律を定めたのよ。

✓ **鎌倉幕府の政治**…北条氏による**執権政治**
✓ **後鳥羽上皇**が挙兵→**承久の乱**→**六波羅探題**の設置
✓ **蒙古襲来（元寇）**→武士の不満→鎌倉幕府の滅亡

 そして北条時宗は元軍と戦った！

 キターーーーーー！！

 朝鮮半島の高麗（こうらい）を従えた元は，日本にも従うように使者を送ってきた。
しかし，北条時宗はこれを無視する！

 怒った元は2度攻めてくるのよ。1度目を**文永の役**（ぶんえい えき），2度目を**弘安の役**（こうあん えき），2度の蒙古（モンゴル）襲来（しゅうらい）をまとめて 元寇（げんこう） というの。

 で，勝ったのか？　あんなにでっかい国を相手にして勝ったのか？

 暴風雨や御家人の活躍によって元軍を引き上げさせたが，困ったことがおこる。今回の戦いでは，領土を手に入れたわけではないので，**ほうびとしてあたえる土地がなかった**んだ。

 命がけで奉公（ほうこう）したのに御恩（ごおん）がないってことやろ？　そら，御家人も怒るわ。

 生活に困った御家人のために，借金を帳消しにする**徳政令**（とくせいれい）を出したり，幕府も色々と行うんだけど，御家人たちの不満は結局爆発してしまうの。

 後醍醐天皇（ごだいごてんのう） が 楠木正成（くすのき まさしげ）や **足利尊氏**（あしかがたかうじ），新田義貞（にったよしさだ）らを味方につけて，ついに鎌倉幕府をほろぼした。

 せっかく元軍を追い払ったのにね……。

練 習 問 題

▶解答は P.166

1 次の問いに答えましょう。

(1) 北条氏が独占した，鎌倉幕府の将軍を補佐する役職を何といいますか。

（　　　　　　　　　）

(2) 1232年，北条泰時が定めた法令を何といいますか。　（　　　　　　　　　）

(3) 元軍が九州（きゅうしゅう）北部に2度にわたり攻めてきたできごとを何といいますか。漢字2字で答えなさい。

（　　　　　　　　　）

(4) 生活が苦しくなった御家人を救うために，1297年に幕府が出した法令を何といいますか。

（　　　　　　　　　）

室町幕府の成立と発展

 鎌倉幕府をほろぼした**後醍醐天皇**は，建武の新政 を始める。しかし，この**建武の新政は天皇の独裁政治だったため，武士はやっぱり不満を持ったんだ。**

 せやなぁ。せっかく鎌倉幕府を倒すの手伝ったのに。

 そこで，鎌倉幕府を倒すのに協力した**足利尊氏**が，武士の政治を復活させるために京都に攻め込むの。

 また戦うのか。それで今度はどっちが勝つんだ。

 勝つというか，後醍醐天皇は**吉野**（奈良県）に逃げるんだ。そこで，足利尊氏は京都に新しい天皇をたてた。

 天皇が2人？　それっていいの？

 よくはないよね。**足利尊氏が光明天皇をたてた京都は北朝，後醍醐天皇の吉野（奈良県）は南朝**とよばれて，約60年間対立したのよ。この約60年を 南北朝 **時代**というの。

 足利尊氏は光明天皇から**征夷大将軍**に任命されるぞ。

 でたぁ!!　ということは，幕府を開くんやな？

 そう。京都に新しい足利幕府を開くんだ。そして，3代将軍 足利義満 のときに京都の室町という場所に将軍邸を置く。**室町幕府の誕生**だな。室町幕府の最盛期は義満のときだ。

 南北朝を統一したのも義満ね。

 なんや，義満って仕事できるやん。

 うん。義満は朝廷にも勢力を広げて**太政大臣にも任命された**んだからたいしたものね。

 で，鎌倉幕府と何が違うんだ？

 基本的には同じだな。でも，幕府を京都につくったから，朝廷を監視する六波羅探題は必要ないよな。その代わり，鎌倉には**鎌倉府**という役所をつくって，関東の政治を行ったんだ。そうそう，将軍の補佐をする役職は執権ではなく 管領 という。

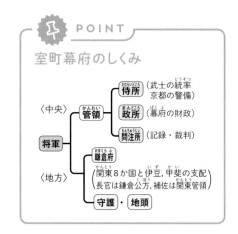

POINT

室町幕府のしくみ

〈中央〉 ┬ **侍所**（武士の統率・京都の警備）
　管領 ┼ **政所**（幕府の財政）
　　　 └ **問注所**（記録・裁判）

将軍

〈地方〉 ┬ **鎌倉府**（関東8か国と伊豆，甲斐の支配。長官は鎌倉公方，補佐は関東管領）
　　　 └ **守護・地頭**

♡ **建武の新政**…貴族を重視→武士の不満→失敗
♡ **室町時代前期**…南北朝の争乱
♡ **室町幕府**…3代将軍足利義満のときが最盛期

 じゃあこれで室町時代は平和な時代になるんだね。

 義満が生きていたころは，かな。

 義満が亡くなったあと，将軍の立場は弱くなっちゃうの。代わりに各地の守護（しゅご）が力を持ち始めて，守護大名（だいみょう）ってよばれるようになるんだよ。

 守護っていうたら，源（みなもとのよりとも）頼朝が義経（よしつね）を捕まえるために全国に配置したやつやんな。

 おっ，六花えらいぞ！ **地方の軍事や警備（けいび）のために置かれていた守護が，年貢（ねんぐ）を半分とる権利をあたえられて**守護大名に成長していったんだ。

 そして，足利氏のうちわもめや守護大名の争い，農民の一揆（いっき）などが頻繁（ひんぱん）におこるようになって，最終的には戦国時代になっていくの。

 なんだか争いが多いな。

 そうだな。**室町時代は争乱の時代**といえる。

練 習 問 題

▶解答は P.166

1 次の問いに答えましょう。

(1) 1338年に北朝から征夷大将軍に任命されて幕府を開いた人物はだれですか。

（　　　　　　　　）

(2) 室町幕府において，将軍を補佐する役職を何といいますか。

（　　　　　　　　）

(3) 約60年間，2つの朝廷が争った時代を何時代といいますか。

（　　　　　　　　）

(4) 2つの朝廷を統一した室町幕府の3代将軍はだれですか。

（　　　　　　　　）

東アジアの交流

 今回は，日本と周りの国との関係を中心に勉強してみよう。

 そういえば中国の元はどうなったん？　もう日本に攻めてきたりせぇへんの？

 14世紀に漢民族が反乱をおこして，**朱元璋** が 明 を建国したの。そして，モンゴル民族を北に追い出したのよ。

 このころ，日本の近海では**倭寇**とよばれる海賊がいたんだ。

 海賊!?

> **I POINT**
>
> **倭寇**
> 日本人だけでなく，中国人などもいた。

 うん。多分おまえが想像してるやつじゃない。手とか伸びないから。
ちょっと六花何してるの？　その構えは「ギ● 2 」？　そういうのじゃないから！

 倭寇が大陸沿岸で暴れていたので，足利義満は明にいわれて倭寇を禁止し，一方で，**朝貢の形で明と貿易を行った**のよ。

 また足利義満が出てきた！　で，朝貢ってどういうこと？

 ほら，古墳時代とかに出てきたでしょ。中国に使いを送って貢ぎ物を贈って，地位を認めてもらうってやつ。

 このとき，**正式な貿易船と倭寇とを区別するために** 勘合 という合い札が使われたことから，この貿易は**勘合貿易**ともよばれているぞ。

 朝鮮半島では，**李成桂**が高麗をほろぼして，朝鮮国 を建国したの。今も使われている**ハングル**は，ここでつくられたんだよ。日本と貿易もしたのよ。

> **I POINT**
>
> 勘合
>
> （合い札の図）

 続けて沖縄いくぞ。

 あれ，周りの国って言ってなかったっけ？

 このころは北海道や沖縄はまだ日本ではなかったのよ。

 このころの沖縄は，北山，中山，南山の三山という地域連合に分かれていたんだが，**尚氏**が統一して，琉球王国 をつくった。

 だから沖縄のことを琉球とかいうのか！

✓ **明との貿易**…倭寇の取り締まり，勘合の使用
✓ **他の地域**…李成桂が朝鮮国を建国，尚氏が琉球王国を建国，蝦夷ヶ島に住むアイヌ民族と交易

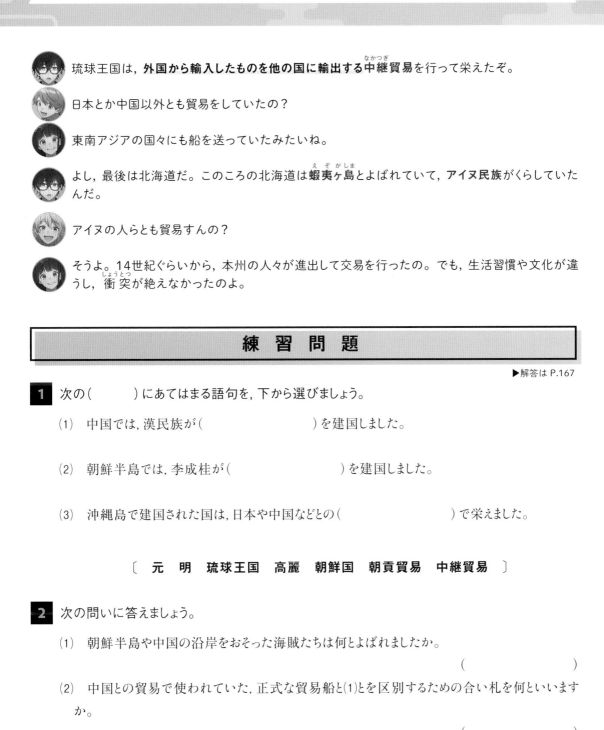

琉球王国は，**外国から輸入したものを他の国に輸出する中継貿易**を行って栄えたぞ。

日本とか中国以外とも貿易をしていたの？

東南アジアの国々にも船を送っていたみたいね。

よし，最後は北海道だ。このころの北海道は**蝦夷ヶ島**とよばれていて，**アイヌ民族**がくらしていたんだ。

アイヌの人らとも貿易すんの？

そうよ。14世紀ぐらいから，本州の人々が進出して交易を行ったの。でも，生活習慣や文化が違うし，衝突が絶えなかったのよ。

練 習 問 題

▶解答は P.167

1 次の（　　　）にあてはまる語句を，下から選びましょう。

(1) 中国では，漢民族が（　　　　　　　　）を建国しました。

(2) 朝鮮半島では，李成桂が（　　　　　　　　）を建国しました。

(3) 沖縄島で建国された国は，日本や中国などとの（　　　　　　　　）で栄えました。

〔　元　明　琉球王国　高麗　朝鮮国　朝貢貿易　中継貿易　〕

2 次の問いに答えましょう。

(1) 朝鮮半島や中国の沿岸をおそった海賊たちは何とよばれましたか。

（　　　　　　　　）

(2) 中国との貿易で使われていた，正式な貿易船と(1)とを区別するための合い札を何といいますか。

（　　　　　　　　）

戦国の争乱

　15世紀後半には，室町幕府の力が衰え，守護大名の力が強くなっていったんだ。

　そんなころ，有力な**守護大名の細川氏と山名氏の対立**に，8代将軍足利義政のあとつぎ問題がからまって，1467年に 応仁の乱 がおこるのよ。

　どっちが勝ったん？　勝った方が次の将軍になったん？

　う〜ん，そんなに単純でもないんだよな。応仁の乱は11年も続いて，京都は焼け野原になったし，将軍はほぼ権力を失ったんだ。地方でも多くの反乱がおこった。

　そうすると，どうなったんだ？

　強い者が支配する，**戦国時代**に突入だ！

　おぉ！　いよいよ戦国時代か！　やっぱり戦国幕府がみんなを支配すんの？

　戦国幕府なんてないぞ。一応まだ室町時代だ。戦国時代っていうのは，室町時代後期のこと。室町時代の一部なんだ。

　POINT

民衆の反乱

正長の土一揆
農民が一致団結して，幕府に借金帳消しを求めた。

山城の国一揆
武士と農民が守護大名を追い払い，自治を行った。

加賀の一向一揆
浄土真宗（一向宗）の武士や農民が守護大名を倒し，約100年間自治を行った。

　戦国時代に広まった，**身分が下の者が実力で上の者を倒す風潮**を 下剋上 というのよ。そして，各地の守護大名を倒したり，守護大名が成長したりして**戦国大名**が登場してくるの。

　戦国大名と守護大名はどう違うの？

　守護大名は室町幕府によって権利をあたえられてただろ？　戦国大名は自分たちで勝ち取った地位だから，幕府のいうことなんか聞かない。自分たちで領国を支配するんだ。

　自分たちで国を！　夢があるな。

　戦国大名たちは，独自に 分国法 を定めて領国を支配したのよ。

　で，一番強かったのが織田信長ってことやんな？

　信長はもちろん強かったけど，一番かどうかは難しいな。ただ，天下を取るには，生まれた場所やタイミングも大事だ。織田信長や豊臣秀吉，徳川家康にはそれがあったんだ。

✧ **室町幕府**…8代将軍足利義政のあとつぎ問題をめぐって有力な守護大名が対立
　　→応仁の乱→下剋上の風潮→戦国大名
✧ **武士や農民による一揆**…加賀の一向一揆, 山城の国一揆

練 習 問 題

▶解答は P.167

1 次の(　　　)にあてはまる語句を, 下から選びましょう。

(1) 室町幕府8代将軍(　　　　　　　　)のとき, 将軍のあとつぎ問題をめぐって有力な守護大名が対立しました。

(2) (　　　　　　　)では浄土真宗を信仰する武士らによる(　　　　　　　)が, (　　　　　　　)では武士と農民による(　　　　　　　)がおこりました。

〔 足利義政　足利義満（よしみつ）　山城　加賀　国一揆　土一揆　一向一揆 〕

2 次の問いに答えましょう。

(1) 1467年から11年にわたってくり広げられた戦いを何といいますか。

（　　　　　　　　　）

(2) (1)の戦いで, 細川氏と対立した守護大名は何氏ですか。

（　　　　　　　　　）

(3) 力のある者が実力で上の身分の者を倒す風潮を何といいますか。

（　　　　　　　　　）

(4) (3)の風潮の中で, 国の新しい支配者となった大名を何大名といいますか。

（　　　　　　　　　）

(5) (4)が領国で定めた右のような決まりを何といいますか。

（　　　　　　　　）

> ― けんかをした者は, いかなる理由による場合でも処罰する。
>
> （部分要約）

天下取りも, 試験もタイミングが大事だぞ! うまくタイミングを味方につけていこう!

	勉強した日　　　月　　　日	得点

まとめのテスト

/100点

---

1 次の文を読んで，あとの問いに答えましょう。　　　　　　6点×5（30点）

> **a**モンゴル帝国の5代皇帝 ___X___ は，都を大都（今の北京）とし，国号を ___Y___ と定めた。その後，**b**日本を従えようとして2度にわたり大軍を送った。

(1) 下線部**a**について，モンゴル帝国を建国したのはだれですか。

（　　　　　　　　　　　　）

(2) 文中の ___X___ ， ___Y___ にあてはまる語句を，それぞれ答えなさい。

X（　　　　　　　　　　） Y（　　　　　　　　　　）

(3) 下線部**b**のできごとについて，次の各問いに答えなさい。

① このできごとを何といいますか。

（　　　　　　　　　　　　）

② このときの鎌倉幕府の執権を，次の**ア〜ウ**から選びなさい。
ア 北条時宗　　**イ** 北条政子　　**ウ** 北条泰時

（　　　　　　）

---

2 右の年表を見て，次の問いに答えましょう。　　　　　　5点×4（20点）

(1) 年表中の**A**の政治を何といいますか。

（　　　　　　　　　　）

(2) 年表中の**B**について，後醍醐天皇が逃れた吉野は，現在の何県ですか。次の**ア〜エ**から選びなさい。

ア 滋賀県　　**イ** 奈良県
ウ 兵庫県　　**エ** 和歌山県

（　　　　）

年代	おもなできごと
1333	鎌倉幕府がほろびる
	後醍醐天皇が政治を行う………**A**
1336	南北朝時代が始まる…………**B**
1338	___C___ が征夷大将軍になる
1392	南北朝が統一される

(3) 年表中の ___C___ にあてはまる人物を，次の**ア〜エ**から選びなさい。
ア 足利義政　　**イ** 楠木正成　　**ウ** 足利尊氏　　**エ** 源頼朝

（　　　　　　）

(4) (3)によって開かれた幕府において，将軍の補佐役として置かれた役職を何といいますか。

（　　　　　　　　　　　　）

3 15世紀の東アジアを示した右の地図を見て, 次の問いに答えましょう。　5点×5(25点)

(1) 15世紀初め, 尚氏が**地図**中の**A**を統一して建てた国を何といいますか。

（　　　　　　　）

地図

(2) (1)の国は, 日本や中国などを結ぶ貿易で栄えました。このような貿易を何といいますか。

（　　　　　　　）

(3) **地図**中の**B**の国を, 次の**ア**〜**ウ**から選びなさい。

ア 高句麗　　**イ** 高麗　　**ウ** 朝鮮国

（　　　　　　　）

(4) 右の**資料**は, 室町幕府3代将軍だった足利義満が, 明との貿易の際に使用した合い札です。この合い札を何といいますか。

（　　　　　　　）

資料

(5) (4)の合い札が貿易に使われた理由について述べた, 次の文中の□□□にあてはまる語句を答えなさい。

> 正式な貿易船と□□□の船を区別するため。

（　　　　　　　）

4 次の問いに答えましょう。　5点×5(25点)

(1) 1467年に京都でおこり, 11年続いた争乱を何といいますか。

（　　　　　　　）

(2) (1)がおこった原因の1つとして正しいものを, 次の**ア**〜**エ**から選びなさい。

ア 貴族と武士の勢力争い　　**イ** 元の攻撃による幕府の衰え
ウ 執権政治の乱れ　　　　　**エ** 将軍のあとつぎ問題

（　　　　　　　）

(3) (1)以降, 急速に広まった, 下の身分の者が上の身分の者を実力で倒す風潮を何といいますか。

（　　　　　　　）

(4) 次の①, ②の反乱をそれぞれ何といいますか。

① 武士と農民が一体になって守護大名を追い払い, 自治を行った。
② 浄土真宗(一向宗)を信仰する武士や農民らが守護大名を倒し, 約100年間自治を行った。

①（　　　　　　　）　②（　　　　　　　）

04

近世の
はじまり

Theme | 17 ››› 21

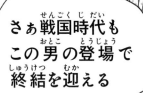

さぁ戦国時代も
この男の登場で
終結を迎える

ばーん!!

織田信長や3!
知ってるで!

ウチ, 歴史の人物で
一番信長が好きやねん!

「鳴かぬなら殺してしまえ
ホトトギス」ってな!

クックック…

なんだそれ?

織田信長の
性格を示した歌だね

信長は短気で
激しい気性だったから,
きっと鳴かないホトトギスは
殺してしまうんじゃないかって
昔の人がつくったんだよ

織田信長, 豊臣秀吉, 徳川家康の
三人の性格を比べたものだから
他の二人の歌もあるぞ

おもしろそう!
聞きたいな

信長のあとを継いだ豊臣秀吉は工夫を凝らすタイプだったから

「鳴かぬなら鳴かせてみようホトトギス」

秀吉のあとを継いだ徳川家康は我慢強い性格だったから

「鳴かぬなら鳴くまで待とうホトトギス」

オレは断然秀吉だな!

オレも色々と工夫するタイプだからな

ウソだ!!

ウソね

ウソや!

ウソだ!

ほっ…本当だ!

ちなみに茉里はどんなタイプだ?

ブルジョワ〜

そうね…私なら「鳴かぬなら鳴くホトトギスを買えばいい」かな

勉強した日　　月　　日

ルネサンス・宗教改革と大航海時代

 じゃあまた世界に目を向けてみよっか！

 世界と日本のつながりを大事に…だな。

 14世紀のイタリアでは ルネサンス （文芸復興ぶんげいふっこう）がおこるのよ。

 ルネサンスって聞いたことはあるけど，何のことなの？

 古代ギリシャ・ローマの文化って良かったよね？　ってことでそれを学び直そうとする動きだ。レオナルド・ダ・ビンチの「モナ・リザ」とか，ミケランジェロのダビデ像みたいに有名な作品がたくさん生まれたぞ。

 16世紀のヨーロッパでは，宗教改革しゅうきょうかいかく もおこったの。

 しゅうきょうかいかく？

 池端くん，このお守りを売ってあげる。このお守りを持っていたら，ゼッタイに幸せになれるよ。１個3000円。

 3000円！　びみょうに高いな…。でもゼッタイ幸せになれるなら……。買おうかな。

 買うん！？

 うんうん。こんな感じ。当時のカトリック教会が資金を集めるために，「罪を犯しても許される」免罪符めんざいふというものを売り出したんだ。

 いやいや，そんなんで許されるん？　おかしくない？

 そう。それも含め色々おかしいぞ！　って人たちがカトリック教会を批判して，宗教改革を始めたんだ。ルターやカルバンだな。そして，新しいキリスト教が生まれた。これを信じる人たちのことを プロテスタント という。

 POINT

宗教改革
ルターはドイツ，フランス出身のカルバンはスイスで宗教改革を始めた。

 カトリック教会はピンチだね。

 カトリック教会もプロテスタントに対抗するためにイエズス会などの組織をつくって，アジアや中南米へも布教を始めるよ。

 アジアってことは日本にもか！

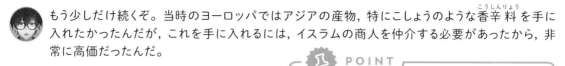

♡ **ルネサンス（文芸復興）**…「モナリザ」（レオナルド・ダ・ビンチ），ダビデ像（ミケランジェロ）
♡ **宗教改革**…ルター（ドイツ），カルバン（フランスのちスイス）
♡ **大航海時代**…コロンブス，バスコ・ダ・ガマ，マゼラン

もう少しだけ続くぞ。当時のヨーロッパではアジアの産物，特にこしょうのような香辛料を手に入れたかったんだが，これを手に入れるには，イスラムの商人を仲介する必要があったから，非常に高価だったんだ。

こしょう？ ラーメンとかに入れるあれか？

そう。こしょう1粒と金1粒が同じ価値だったりしたのよ。

アジアの産物を直接手に入れるため，ヨーロッパ人はアジアをめざして大航海時代に突入するんだ。

ⅠPOINT

大航海時代の航路

ここで覚えてほしいのは，**インドをめざしてアメリカ大陸発見のきっかけになった** コロンブス，**インド航路を発見した** バスコ・ダ・ガマ，**世界一周を達成した** マゼラン 船隊だよ。

こうしてヨーロッパの国々は，アジアへの航海が可能になった。そしてカトリック教会はアジアへも布教したい。あとはわかるな？

なるほど，ここでつながるんだね！

練 習 問 題

▶解答は P.168

1 次の問いに答えましょう。

（1） ドイツで宗教改革を始めたのはだれですか。

（　　　　　　　）

（2） カトリック教会に反対した者は，何とよばれましたか。

（　　　　　　　）

（3） インド航路を発見した人物はだれですか。

（　　　　　　　）

18 ヨーロッパ人の来航と織田信長の統一

 ヨーロッパ人がアジアへの航路を開拓したことから，日本にも2つ大きなものが伝わる。鉄砲とキリスト教だ。

 1543（42?）年，**種子島に漂着したポルトガル人によって，日本に鉄砲が伝わった**の。

 確か，このころの日本は戦国時代だったよな。

 その通り。鉄砲は新しい武器として戦国大名に注目された。

 キリスト教か。たしかカトリック教会がアジア進出って話やったやんな。

 六花，すごい！　1549年，**イエズス会のスペイン人，（フランシスコ・）ザビエル**が鹿児島を訪れ，**キリスト教を伝えた**のよ。

 この2つを利用してのし上がったのが，織田信長だ。尾張（愛知県）の信長は，**桶狭間の戦いで今川義元を破って**メジャーデビューした。

 でも，戦国時代って室町時代後期のことでしょ？　まだ室町幕府があるよね？

 信長は，15代将軍の**足利義昭**を京都から追放して**室町幕府をほろぼした**のよ。

 また，当時最強といわれていた武田氏の騎馬隊を，長篠の戦いで鉄砲をうまく使って倒したんだ。

 なんか勢いがすごいな。

 実際すごかったと思うよ。約20年で戦国時代から一気に天下統一の一歩手前までいったんだから。

 長篠の戦いの次の年には，滋賀県の琵琶湖のほとりに**安土城**を築き始めたんだ。そして，城下町では楽市・楽座の政策を行った。

 らくいちらくざ？

 ふつう，市場で商売をする人からは税金をとるんだが，それを免除した。自由取引の場をつくったんだ。これで商業が発達したんだな。

 へぇ〜，結構いろいろやってたんだね。

- ♡ **鉄砲とキリスト教の伝来**…ヨーロッパから伝来
- ♡ **織田信長による統一事業**…桶狭間の戦い・長篠の戦い
  安土城の築城と楽市・楽座

また，自分に従わない仏教勢力を抑えて，代わりにキリスト教を保護したのよ。

ここまでいったのに，なんで信長は天下がとれへんかったん？

家臣の**明智光秀**（あけちみつひで）に謀反（むほん）をおこされて，自害したんだよ。これが 本能寺の変（ほんのうじのへん） だ。

あぁ，やっぱり自分より下の人間にはやさしくないとなぁ（チラッ）。

せやなぁ。同好会の会長も会員にやさしくないとなぁ（チラッ）。

お前らはそういう時だけ息ピッタリだな…。

練 習 問 題

▶解答は P.168

1 次の（　　　）にあてはまる語句を，下から選びましょう。

(1) ポルトガル人が乗った中国船が（　　　　　　　　　）に流れ着き，日本に鉄砲が伝えられました。

(2) 織田信長は，駿河（するが）・遠江（とおとうみ）（静岡県（しずおか））の大名の今川義元を（　　　　　　　　）で，甲斐（かい）（山梨県（やまなし））の大名の武田勝頼（かつより）を（　　　　　　　　）で破りました。

〔　**種子島**　　**鹿児島**　　**長篠の戦い**　　**桶狭間の戦い**　〕

2 次の問いに答えましょう。

(1) 日本にキリスト教を伝えたイエズス会の宣教師はだれですか。

（　　　　　　　　　　　　）

(2) 織田信長が琵琶湖のほとりに築いた城を何といいますか。

（　　　　　　　　　　　　）

(3) 織田信長が商工業を発展させるため，(2)の城下で行った政策を何といいますか。

（　　　　　　　　　　　　）

豊臣秀吉の天下統一

織田信長のあとを継いだのは豊臣秀吉だろ？

うわ，洸どうしたん？

オレ，結構，秀吉好きなんだよ。農民出身で天下統一しちゃうってすごいだろ。

よし，じゃあ秀吉の話をしようか。
本能寺の変で織田信長が討たれた後，山崎の戦いで明智光秀を倒したのが，豊臣秀吉だ。
そのまま柴田勝家との（信長の）後継者争いにも勝利して，秀吉は天下統一へと動き出す。まず拠点として**大坂城**を築いた。

ええぇ！　大坂城って上沼恵●子の実家やろ？　あれ，秀吉がつくったん？

…そうだ。　そうなの！？　いや，つくったのはそうだが，実家はそうじゃない。

秀吉は**朝廷から関白に任命される**の。そして，豊臣の姓をあたえられるのよ。ちなみにそれまでは羽柴秀吉だからね。

1587年に九州の島津氏を降伏させたあと，**1590年に関東の北条氏を倒し，東北の伊達氏も従えて天下統一の完成**だ。信長と秀吉の時代を**安土桃山時代**というぞ。

天下を統一した秀吉はどんなことをするの？

一番大事なのは**太閤検地**ね。全国の土地を調査して，米の**収穫量**で評価したのよ。同じ基準で年貢を納めさせ，土地の支配関係をはっきりさせるためにね。

農民は反発しなかったのか？

大丈夫。**刀狩**で武器を取り上げるから。　　さらっというやん。怖い怖い。

太閤検地と刀狩によって，**農民と武士の区別が明確**になったんだ。これが**兵農分離**だ。

でも，天下統一したのに，秀吉の死後，徳川家康にほろぼされるんだろ？　なんでだ？

大きな要因として，秀吉は**明**の征服をめざすんだ。そして2度**朝鮮国**に**朝鮮出兵**を行うが，どちらも失敗する。この失敗で豊臣氏は一気に力を失ってしまうんだ。

日本だけでは満足できんかったんかなぁ。

♡ **豊臣秀吉による統一事業**…四国と九州, 関東, 東北を平定し, 天下統一
　　　　　　　太閤検地, 刀狩→兵農分離
　　　　　　　2度にわたる朝鮮出兵の失敗

練 習 問 題

▶解答は P.168

1 次の（　　　）にあてはまる語句を, 下から選びましょう。

(1) 豊臣秀吉は,（　　　　　　　　　）を築いて本拠地としました。

(2) 豊臣秀吉は朝廷から（　　　　　　　　　）に任命され, 豊臣の姓をあたえられました。

(3) 豊臣秀吉は九州を平定したあと, 関東の（　　　　　　　　　）をほろぼして, 全国統一が
完成しました。

〔　**大坂城**　　**安土城**　　**摂政**　　**関白**　　**北条氏**　　**島津氏**　〕

2 次の問いに答えましょう。

(1) 豊臣秀吉が明智光秀を破った戦いを何といいますか。

（　　　　　　　　　）

(2) 豊臣秀吉が農民に刀ややり, 鉄砲などをさし出させたことを何といいますか。

（　　　　　　　　　）

(3) 豊臣秀吉が全国の田畑の面積や土地のよしあしを同じ基準で調べ, 収穫量を石高で表した
政策を何といいますか。

（　　　　　　　　　）

(4) (2)と(3)により, 武士と農民の区別がはっきりしたことを何といいますか。

（　　　　　　　　　）

(5) 豊臣秀吉が, 明の征服をめざして大軍を送った国はどこですか。

（　　　　　　　　　）

(6) 織田信長と豊臣秀吉が活躍した時代を何といいますか。

（　　　　　　　　　）

> 秀吉のやったこと
> は試験にでそうだ
> ね!

江戸幕府の成立と支配体制

豊臣秀吉の死後，秀吉の子の秀頼の政権を守る毛利輝元，石田三成と，関東地方で勢力を伸ばした徳川家康が争うことになる。1600年におこった 関ヶ原の戦い だ。

関ヶ原では，**全国の大名も石田三成の西軍と徳川家康の東軍に分かれて戦った**のよ。

これでいよいよ徳川家康の時代だね。

そうだな。徳川家康は1603年に**征夷大将軍**に任命されると，江戸に幕府を開いた。江戸時代の始まりだ。ちなみに**江戸時代は約260年続く**ぞ。

鎌倉時代とかと比べてだいぶ長くないか？

それは幕府が大名を支配するしくみがしっかりしていたからね。

そういえば，関ヶ原で倒したのは石田三成たちやろ？　豊臣ってまだ息子がおるやん。

いい質問だな。江戸幕府が開かれたあと，**家康は冬・夏の2度の大坂の陣で豊臣氏をほろぼした。**そして，完全な支配体制をつくりあげた。

まず，大名を大きく3つに分けたの。徳川氏の親戚を 親藩 ，関ヶ原の戦い以前から徳川氏に従っていた大名を 譜代大名 ，関ヶ原の戦い以後に徳川氏に従った大名を 外様大名 としたのよ。

江戸幕府は鎌倉幕府や室町幕府よりも力を持っていたからな。大名を配置替えする力もあった。だから，**江戸の周りや重要な場所は親藩や譜代大名を配置して，外様大名は江戸から遠い地域に移した**んだ。

たしかに遠いと，幕府を倒そうと反乱をおこすのも難しいね。

それだけではなくて，大名に対して**武家諸法度**という法律を制定し，勝手に結婚するのを禁止したり，城を修理するのに許可をとらせたりしたの。

3代将軍の徳川家光は，武家諸法度に 参勤交代 の制度を追加した。これは**1年おきに江戸と領地を往復させる制度**で，大名は多くの出費を強いられた。

特に江戸から遠い外様大名は大変やな。

朝廷に対しては，**京都所司代を置いて監視した**のよ。公家に対しては禁中並公家諸法度を定めて行動を制限したの。

最後に江戸幕府の外交をまとめておこう。最初は**朱印船貿易**を奨励していたんだが，キリスト教が広まるのをおさえるため，キリスト教禁止令を出し，外国との交流を禁止したんだ。そして，**中国とオランダのみ貿易を許可**し，長崎でこれを行った。

 聞いたことある。いわゆる鎖国だね。

 中国・オランダだけではなくて，**松前藩は蝦夷地のアイヌ，薩摩藩は琉球王国，対馬藩は朝鮮と交易を行った**のよ。

 薩摩藩は，将軍や琉球国王の代がわりごとに**琉球使節を送**らせて将軍にあいさつさせたんだ。

 鎖国って，一切他の国と交流しないってわけではないんだな。

POINT

江戸時代の窓口

江戸時代の外交
4つの口

松前口
⇔蝦夷地

対馬口⇔朝鮮

幕府

長崎口
⇔中国，オランダ

薩摩口⇔琉球

練 習 問 題

▶解答は P.169

1 次の（　　　）にあてはまる語句を，下から選びましょう。

(1) 関ヶ原の戦い以前から徳川氏に従っていた大名を（　　　　　　　），関ヶ原の戦い以後に徳川氏に従った大名を（　　　　　　　）といいます。

(2) 江戸時代初め，幕府と朝鮮との仲立ちを務めた藩は（　　　　　　　）藩，蝦夷地のアイヌの人々と交易を行ったのは（　　　　　　　）藩です。

〔　親藩　　譜代大名　　外様大名　　薩摩　　対馬　　松前　〕

2 次の問いに答えましょう。

(1) 江戸幕府が築城や結婚などの決まりを整え，大名を統制した法令を何といいますか。

（　　　　　　　　　　）

(2) 大名は1年おきに江戸と領地を行き来することとした制度を何といいますか。

（　　　　　　　　　　）

文治政治

 江戸時代には，江戸・大坂・京都の3つの都市が発展して，**三都**とよばれたの。江戸は「将軍のおひざもと」といわれて，政治の中心地だったんだよ。

 大阪は年貢米が全国から集められて 蔵屋敷 に置かれるなど，商業の中心地であったことから，「天下の台所」といわれたんだ。

 「将軍のおひざもと」に「天下の台所」か。なんかいいな。京都は？

 京都は当時の首都だったし，文化の中心地だったぞ。

 そうじゃなくて！　何てよばれてたん？

 …いや，別に…。ふつうに京都？

 声ちっちゃいな。ほんで，京都だけ差別せんと，何か別名つけたってよ！

 なんか，ごめん。

 江戸幕府の初代〜3代将軍のころまでは，武力による弾圧的な政治を行ったね。これを武断政治というの。それに対して，4代将軍以降は**文治政治**になっていくのよ。

 ぶんちせいじ？

 文治政治っていうのは，儒学やほかの学問に力を入れたり，法律や制度を整えたりっていう政治のことよ。

 へぇー。武断政治とは正反対だね。

 ここから，幕府の財政は悪化していくんだ。そもそも文治政治はお金がかかるからな。まずは4代将軍徳川家綱。家綱が将軍であった時におこった大火事で江戸の半分以上が焼けてしまったこともあって，幕府の財政難が表面化した。江戸城の天守閣も焼け落ちたんだ。

 え，まだ4代だろ？　265年も続くのに，もう悪化してるのか。

 そうなの。5代将軍の 徳川綱吉 は，これを何とかしようとして，**貨幣の質を落として発行した**。どうなると思う？

 質が悪くてもいいんやったら，前までよりもいっぱい発行できるから，お金増えるんちゃうん？

♡ **三都**…江戸（将軍のおひざもと），大坂（天下の台所），京都
♡ **文治政治**…学問に力を入れ，法律や制度を整える
　　　　　　→ 5代将軍徳川綱吉の生類憐みの令，新井白石の正徳の治

ちょっと難しいところだけど，貨幣の質が落ちるってことは，貨幣の価値が下がるってことだから，逆に物の価値が上がる，つまり**物価が上がって，人々のくらしが苦しくなった**。

徳川綱吉って聞いたことあるよ。生類憐みの令だっけ？

犬をはじめ生き物の殺生を禁止した法令ね。あれもだいぶお金がかかるし，経済活動も停滞するのよ。綱吉の死後，すぐに取り消されたわ。

6代将軍徳川家宣，7代徳川家継のときには，将軍ではなく，学者の 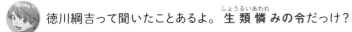 の意見を取り入れた政治が行われる。このときの年号が正徳だったことから，**正徳の治**とよばれるぞ。

どんなことをしたんだ？

まず，**貨幣の質を元に戻した**。あとは，金銀が外国に流出しないように，**長崎での貿易を制限した**。

それでちょっとはうまいこといったん？

う～ん，譜代大名の反対とかもあって，あんまりかな。

練 習 問 題

▶解答は P.169

1 次の問いに答えましょう。

(1) 江戸時代，江戸，大坂，京都はあわせて何とよばれていましたか。

（　　　　　　　　　）

(2) 朱子学にもとづく徳治主義により，儒学やほかの学問に力を入れたり，法律や制度を整えたりする政治を何といいますか。

（　　　　　　　　　）

(3) 5代将軍の徳川綱吉が出した極端な動物愛護令を何といいますか。

（　　　　　　　　　）

(4) 新井白石の意見が取り入れられた政治は何とよばれましたか。

（　　　　　　　　　）

▶解答は P.169 ～ 170

勉強した日　　　　月　　　　日	得点
	/100点

まとめのテスト

1 次の問いに答えましょう。　　　　　　　　　　　　　　　　5点×6（30点）

(1) 右の**地図**中の**A ～ C**は, 大航海時代に
開かれた航路です。これらの航路を開いた
人物を, 次の**ア～ウ**からそれぞれ選びなさい。

ア　マゼラン

イ　コロンブス

ウ　バスコ・ダ・ガマ

A（　　　） B（　　　）

C（　　　）

地図

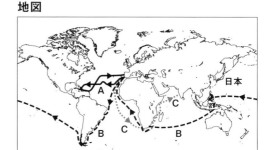

(2) イタリアを中心とし, 古代のギリシャ, ローマの文明を学び直そうとする文化が14世紀におこ
りました。この動きを何といいますか。

（　　　　　　　）

(3) ドイツでは, 16世紀初めにルターがカトリック教会のやり方を批判して改革を始めました。
この改革を何といいますか。

（　　　　　　　）

(4) (3)の改革に対してカトリック教会内部の改革運動を進めた, スペイン人を中心とする組織
を何といいますか。

（　　　　　　　）

2 次の問いに答えましょう。　　　　　　　　　　　　　　　　5点×4（20点）

(1) ポルトガル人によって日本に鉄砲が伝えられた場所を,
右の**地図**中の**ア～エ**から選びなさい。

（　　　）

(2) 織田軍が鉄砲を有効に使い, 甲斐（山梨県）の武田
氏を破った戦いを, 次の**ア～エ**から選びなさい。

ア　山崎の戦い　　　　**イ**　長篠の戦い

ウ　桶狭間の戦い　　　**エ**　壇ノ浦の戦い

（　　　）

(3) キリスト教を日本に伝えた人物はだれですか。また, そ
の人物が最初に訪れた場所を, **地図**中の**ア～エ**から選びなさい。

人物（　　　　　） 場所（　　　）

地図

3 次の問いに答えましょう。 5点×3(15点)

(1) 右の**資料**は, 豊臣秀吉が出した法令です。この法
令を何といいますか。

（　　　　　　　　）

資料

諸国の百姓が刀やわきざし, 弓,
やり, 鉄砲, その他の武器を持
つことは固く禁止する。

(2) 豊臣秀吉に関係が深いできごととして誤っているも
のを, 次の**ア～エ**から選びなさい。

ア 朝廷から関白に任命された。　**イ** 太閤検地を行った。
ウ 安土城を築いた。　**エ** 関東の北条氏を倒した。

（　　　　）

(3) 豊臣秀吉が明を征服するために出兵した地域を, 次の**ア～エ**から選びなさい。

ア 朝鮮　**イ** 台湾　**ウ** 琉球　**エ** 蝦夷地

（　　　　）

4 次の問いに答えましょう。 5点×7(35点)

(1) 江戸幕府が大名を統制するために定めた, 右の**資
料**の法令を何といいますか。

（　　　　　　　　）

資料

― 新しい城をつくることは固
く禁止する。
― 幕府の許可なしに, 婚姻し
てはならない。

(2) 次の文中の ▢X▢, ▢Y▢ にあてはまる人物, 語
句を, それぞれ答えなさい。

江戸幕府3代将軍 ▢X▢ は, 大名が領地と江戸を1年おきに往復する ▢Y▢ の
制度を整えた。

X（　　　　　　　） Y（　　　　　　　）

(3) 江戸幕府の大名のうち, 関ヶ原の戦いのあとに徳川氏に従った大名を, 次の**ア～ウ**から
選びなさい。

ア 外様大名　**イ** 譜代大名　**ウ** 親藩

（　　　　）

(4) 江戸時代, 鎖国下の日本と貿易が許されていたヨーロッパの国を, 次の**ア～エ**から選びな
さい。

ア イギリス　**イ** オランダ　**ウ** スペイン　**エ** ポルトガル

（　　　　）

(5) 江戸時代, 朝鮮からは将軍が代わるごとに使節が江戸を訪れていました。朝鮮と交易を
行っていた藩を, 次の**ア～エ**から選びなさい。

ア 松前藩　**イ** 薩摩藩　**ウ** 長州藩　**エ** 対馬藩 （　　　　）

(6) 江戸幕府5代将軍徳川綱吉が出した, 極端な動物愛護令を何といいますか。

（　　　　　　　　）

05

近世から
近代へ

Theme | **22 ››› 27**

財政の苦しくなった江戸幕府はさまざまな改革を行うの

中でも三大改革が有名ね

まず,8代将軍徳川吉宗によって行われた享保の改革

おっ徳川吉宗なら知っとるで！暴れん坊将軍やろ？

かっこええよなぁ

おじいちゃんが好きでよくテレビの再放送で見てたわ

暴れん坊将軍

なんだ徳川吉宗って最近の人なのか

せやでー

「せやで」じゃねぇ！六花,ややこしくなるから黙ってろ！

あれは時代劇だ!!

徳川吉宗は江戸幕府の将軍だ

目安箱を作って庶民の意見を聞いたりしたんだ

目安

基がもう少しやさしくなりますように…

新喜劇にでれますように…

七夕じゃないわよ

さまざまな
政策が行われるから，
順番に整理して
覚えていくぞ

ちゃんと
ついてこいよ

は〜い

徳川吉宗の享保の改革と
松平定信の寛政の改革と
水野忠邦の天保の改革

三大改革は内容も
比較して覚えておきたい
ところだ

ちなみに
江戸幕府はどうして
ほろびるの？

色々な要因は
考えられるけど
きっかけになったのは
やっぱりあれだな

黒船の来航！

よし
じゃあ江戸幕府の
滅亡まで一気にいくぞ！

おお！

享保の改革と田沼時代

 新井白石の政治はあまりうまくいかなかったんだよね？

 そうなの。だから，幕府の財政の再建をめざして，8代将軍の徳川吉宗が 享保の改革 を行ったんだよ。

 よっ！　松平健！！

 それは暴れん坊将軍の中の人な！　ややこしくなるからやめて！

 享保の改革では，まず，**武士に対して質素倹約を命じた**わ。そして，庶民の意見を聞くために目安箱を設置して，**裁判の基準を定めた** 公事方御定書 も制定したの。

 おー，吉宗ええやん。

 大名に対しては，上げ米の制を定めたぞ。この制度では，**大名の領地1万石につき，100石の米を幕府に納めさせる代わりに，参勤交代で江戸に滞在する期間を1年から半年に短縮**したんだ。

 あとは年貢を増やすために新田の開発を奨励したわ。そして，年貢の率をできた米の4割から5割に引き上げて，豊作でも凶作でも一定の年貢を取り立てたの。

 何か，米の話ばっかりしてるな。気持ちはわかるけど。

 そうね。だから**吉宗は米将軍ってよばれた**のよ。

 また，キリスト教に関係のない実用的学問を漢訳したヨーロッパの書物の輸入を認めたんだ。

 将軍自らが行ったこの享保の改革によって，幕府の財政は一時的に立ち直ったの。

 じゃあ，享保の改革は成功したってことだね。

 このまま幕府の財政も立ち直って，安泰ってことやな？

 いや，なかなかそうもいかなくてな。18世紀後半，10代将軍徳川家治の老中になった側用人 田沼意次 が，また財政の立て直しをめざすんだ。田沼意次の政策で一番大事なのは，**商工業者が株仲間を結成するのを奨励**したことだな。

✓ **享保の改革（8代将軍徳川吉宗）**…公事方御定書, 目安箱, 上げ米の制→**成功**
✓ **田沼意次の政治**…株仲間の奨励, 蝦夷地の調査, 長崎貿易の拡大
→**天明のききん**などがおこり, **失敗**

 株仲間ってどういう仲間のことなん？

 簡単にいうと, 特権を認められた同業者の組合のことね。**この組合に商品の生産や販売を独占することを許可する代わりに, 税金を納めさせたの。**

 なるほど。商人から税金をとることで, 財政を立て直そうとしたのか。

 それ以外にも, **蝦夷地の調査を行ったり, 長崎での貿易の拡大に努めたり**したんだ。商業が発展したんだけど, 特権をめぐってわいろが横行したな。

 そんな中, **天明のききん**や浅間山の噴火が重なって, 老中を辞めさせられちゃった。

練 習 問 題

▶解答は P.170

1 次の（　　　）にあてはまる語句を, 下から選びましょう。

(1) 享保の改革を行ったのは,（　　　　　　　　）です。

(2) 享保の改革では,（　　　　　　　　　　）とよばれる裁判の基準となる法律が定められました。

〔 **松平定信　　徳川吉宗　　御成敗式目　　公事方御定書** 〕

2 次の問いに答えましょう。

(1) 享保の改革で, 庶民の意見を聞くために設けられたものを何といいますか。

（　　　　　　　　　　　）

(2) 享保の改革で, 参勤交代をゆるめる代わりに米をさし出すことを大名に命じた制度を何といいますか。

（　　　　　　　　　　　）

(3) 18世紀後半, 大商人の力を利用して産業の発展に努めた老中はだれですか。

（　　　　　　　　）

暴れん坊将軍のテーマ曲, 甲子園できく気がするな。

寛政の改革と大御所政治

 江戸や大坂で打ちこわしがおこるなか，11代将軍徳川家斉の老中になった松平定信が
寛政の改革 を始めたぞ。

 お，また改革か。次はどんな内容なんだ？

 まず，幕府の関わる学校では朱子学以外の学問を教えることを禁止したんだよ。
そして，都市に出稼ぎにきていた百姓を農村に帰らせようとした。
あと，各地に倉をつくって米を貯蔵させた。
政治批判を禁止し，風紀を引き締めた。
出版を厳しく統制した。
ほかにも…。

 ちょっと待って。何かいっぱい禁止やん。厳しい厳しい！

 そうだよ。田沼意次のときと比べて，なんだかやりづらそうだよ。

 松平定信は，祖父にあたる8代将軍徳川吉宗の政治を理想と考えていたからな。農業を重視し，都市には厳しい政策となった。ちなみに，幕臣の借金も強制的に減らしたしな。

 これだけ厳しくやったんだから，改革はうまくいったんだよな？

 厳しすぎて失敗してしまったの。　　 えぇ!?

 なんか残念だね。

 まぁしゃあないやろ。そしたら次はだれの政治になるん？

 11代将軍の家斉自らの政治だな。

 家斉はどんな政策を行ったんだ？

 ……。特に何もないの。

 そんな…。でも，何かあるでしょ？

 ……。別に……。

 いやいや，どこの大女優やねん！

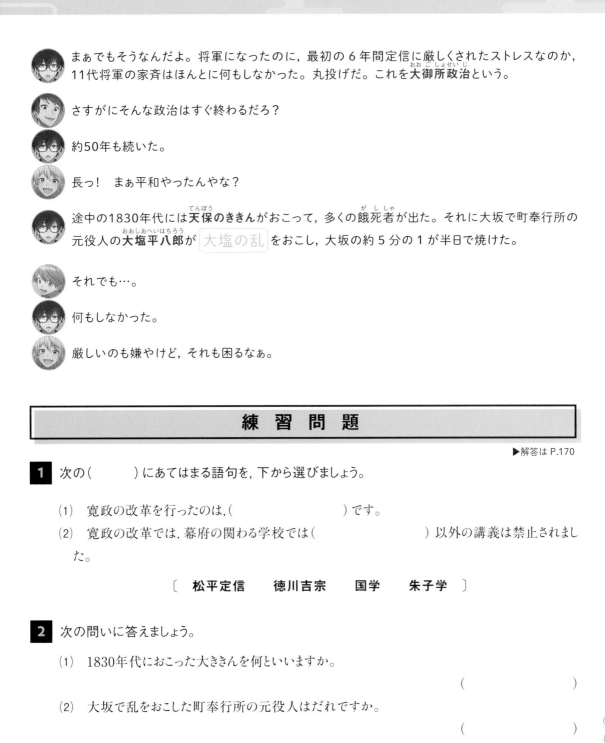

✓ **寛政の改革（松平定信）**…学問・出版・風紀の厳しい統制，農村の重視
　　　　　　　　→**厳しすぎて失敗**
✓ **大塩の乱**…大坂町奉行所の元役人の大塩平八郎が反乱

まぁでもそうなんだよ。将軍になったのに，最初の6年間定信に厳しくされたストレスなのか，11代将軍の家斉はほんとに何もしなかった。丸投げだ。これを**大御所政治**という。

さすがにそんな政治はすぐ終わるだろ？

約50年も続いた。

長っ！　まぁ平和やったんやな？

途中の1830年代には**天保のききん**がおこって，多くの餓死者が出た。それに大坂で町奉行所の元役人の**大塩平八郎**が 大塩の乱 をおこし，大坂の約5分の1が半日で焼けた。

それでも…。

何もしなかった。

厳しいのも嫌やけど，それも困るなぁ。

練 習 問 題

▶解答は P.170

1 次の（　　　）にあてはまる語句を，下から選びましょう。

(1)　寛政の改革を行ったのは，（　　　　　　　　　）です。

(2)　寛政の改革では，幕府の関わる学校では（　　　　　　　　　）以外の講義は禁止されました。

〔　松平定信　　徳川吉宗　　国学　　朱子学　〕

2 次の問いに答えましょう。

(1)　1830年代におこった大ききんを何といいますか。

（　　　　　　　　　　）

(2)　大坂で乱をおこした町奉行所の元役人はだれですか。

（　　　　　　　　　　）

24 欧米の市民革命

 日本でいろいろな改革が行われていたころ，世界では各地で革命がおこっていたの。

 革命!?　めっちゃわくわくするわー。いつも革命をおこしてきた女やで!

 革命をおこす前に，成績で革命をおこしてくれ。
革命の後おしになったのが，このころ**ロック，ルソー，モンテスキュー**らが説いた，政治や社会を批判する啓蒙思想だ。

 国王が絶対的な権力を持って治める絶対王政に不満を持った市民が王政を倒す，それを市民革命というの。

 クロムウェル率いる清教徒たちがイギリス国王を倒したピューリタン革命，そのあとにおこった**名誉革命**だ。名誉革命では，「権利章典」が定められ，**国王の権力が制限された**ぞ。こうして世界で初めて，**憲法にもとづいて国王が政治を行う立憲君主制と議会政治が始まった**んだ。

 市民革命は17世紀のイギリスから始まったんだね。次はどこの国?

 アメリカよ。アメリカはこのころ，イギリスの植民地だったの。

 イギリスからの独立を求めて，18世紀後半に独立戦争がおこり，これに勝利して成功したんだ。そして司令官だった**ワシントン**が初代大統領になった。戦争中に「独立宣言」が出されたこともポイントだぞ。

 続いて，1789年にフランスでも市民革命がおこるの。フランスは，身分が大きく第一身分(聖職者)，第二身分(貴族)，第三身分(平民)に分けられていて，**重税に苦しんだ人々がフランス革命をおこした**のよ。

 フランス革命で出されたのが 人権宣言 だ。その後，不安定な政治が続いたんだけど，**ナポレオン**が皇帝となってヨーロッパの大部分を支配したぞ。

 お，ナポレオンって知ってるぞ。「我輩の辞書に不可能の文字はない」って言った人だろ?

 本人が本当にそう言ったのかどうかはさておき，ナポレオンはイギリス以外のヨーロッパ諸国を倒し，ヨーロッパの大部分を支配したんだ。このとき，一般の人々どうしの権利について定めた**民法**がつくられた。ナポレオンの支配は1815年まで続いたぞ。

✓ **イギリス**…ピューリタン革命→名誉革命（権利章典）
✓ **アメリカ**…独立戦争（独立宣言）
✓ **フランス**…フランス革命（人権宣言）

 なんか覚えることいっぱいだな。

 そう？ イギリスでピューリタン革命・名誉革命からの権利章典, アメリカで独立戦争からの独立宣言, フランスでフランス革命からの人権宣言。まずはこれだけ覚えてればいいのよ。

 そうやって聞いたらなんとかなりそうだね。

 あとはドイツをおさえておこう。ドイツは中世には多くの国に分裂していた。その中でもプロイセンとオーストリアの力が大きくなった。

 19世紀には,「鉄血宰相」とよばれた**ビスマルク**率いるプロイセンが, オーストリアとフランスを倒してドイツを統一して, ドイツ帝国になったのよ。

 なるほどな〜。

 ドイツって, ソーセージおいしいんだろ？ 腹減ってきたな。

練 習 問 題

▶解答は P.170

1 次の（　　　）にあてはまる語句を, 下から選びましょう。

(1) イギリスでは, クロムウェルらによる（　　　　　　　　）がおこり,
続いて（　　　　　　　　）がおこりました。

(2) フランス革命のとき, 国民議会によって（　　　　　　　　）が出されました。

〔　**名誉革命**　　**ピューリタン革命**　　**独立宣言**　　**人権宣言**　〕

2 次の問いに答えましょう。

(1) イギリスで名誉革命の結果, 公布されたものを何といいますか。

（　　　　　　　　　　）

(2) フランスの皇帝となり, ヨーロッパの大部分の国を倒して支配したのはだれですか。

（　　　　　　　　　　）

ロシア・アメリカの発展と産業革命

 続いてロシアについて勉強しましょう。**ロシアは17世紀ごろから急速に領土を広げていった**の。シベリアに進出したのもこのころよ。

 19世紀には**南下政策**を行い，さらに積極的に領土を広げようとした。

 南下ってことは，南に領土を広げたってこと？　何か意味があるの？

 もちろんだ。ロシアが南下政策によって手に入れたかったもの，それは「ふとうこう」だ。

 不登校？　ロシア，学校に行きたくないってことか？

 どうしたん？　ロシア，だれかになんかされたん？　だれや！　イギリスか！　フランスか！

 凍らない港，「不凍港」な。このころの交通手段といえば船になるだろ。しかし，ロシアの港は冬には凍ってしまい，船が出せなくなってしまう。だから，**不凍港を求めて南下政策を行ったんだ。**イギリスやフランスはそれを警戒する。

 ロシアが南に領土を広げたいというのは，この先も出てくるから覚えておこうね。

 よし，次は**アメリカ**だ。独立したアメリカには，**ヨーロッパから多くの移民がやってきて人口が増加した**。領土も最初は東の一部だけだったが，西に拡大して，19世紀半ばには太平洋まで達したんだ。

 アメリカの南部では農業が，北部では工業が発達したの。そして，南部ではアフリカ系の人々を奴隷として働かせて綿花の栽培をしていたのよ。

 奴隷を働かせてたんか。それはいかんやろ。

 奴隷制度に賛成だった南部の人々に対して，北部の人々は奴隷制度に反対だったの。そのような対立から，1861年に南軍と北軍に分かれて，南北戦争 がおこったの。

 この戦争は，北軍が**リンカン大統領**の指導の下，勝利をおさめた。リンカン大統領が訴えた「**人民の，人民による，人民のための政治**」は有名だな。

 北軍ということは…?

 奴隷は解放された。

♡ **ロシアの南下政策**…不凍港を手に入れるため
♡ **南北戦争**…奴隷制度や貿易制度についてのアメリカ南部と北部の対立
　　　　　→リンカン大統領の北軍が勝利

 おぉ，よかった！

 話がヨーロッパに戻るけど，市民革命が最初におこったイギリスから，産業革命 もスタートするの。

 革命？　また王様を倒すん？

 そうじゃなくて，産業の革命。**機械の開発・改良によって社会や経済が大きく変化すること**だ。簡単にいうと，蒸気機関を利用した機械が使われることで，今まで手でつくっていたものを，安く大量につくることが可能になったんだ。**18世紀後半以降**にな。

 そうしたらどうなるんだ？

 品物の原料もたくさん必要になるし，大量につくった製品を売るところもいるよね？
そこで**欧米諸国はアジアにも進出するようになる**の。

 鎖国してる日本もねらわれるってことだね。

練 習 問 題

▶解答は P.171

1 次の（　　　）にあてはまる語句を，下から選びましょう。

（1）　アメリカでは，奴隷制度に反対する北部と賛成する南部が対立し，
　　（　　　　　　　　　　　）がおこりました。

（2）　（1）では，（　　　　　　　　　）大統領の指導の下，北軍が勝利しました。

〔　リンカン　　独立戦争　　南北戦争　　ワシントン　〕

2 次の問いに答えましょう。

（1）　ロシアが不凍港を求めて，領土を南部に拡大していこうとする政策を何といいますか。

　　　　　　　　　　　　　　　　　　　　（　　　　　　　　　　）

（2）　機械の開発・改良によって社会や経済が大きく変化することを何といいますか。

　　　　　　　　　　　　　　　　　　　　（　　　　　　　　　　）

列強の接近と天保の改革

 前回話した通り，欧米の船が日本に接近してくるんだ。ロシアのラクスマンやレザノフ，イギリスのフェートン号，アメリカのモリソン号などだ。どうすると思う？

 鎖国中だからって話して帰ってもらうかな。

 いいえ。日本は1825年に 異国船打払令 を出して，**外国船を追っ払う**のよ。

 おぉ，強気！

 だが，そうもいってられなくなる。1840 〜 42年に清が**アヘン戦争**で，イギリスにボコボコにやられちまったんだ。

 清って，このころの中国だよね？

 アヘン戦争については，今度詳しく勉強するよ。とりあえず今回は，清がイギリスにこっぴどく負けたこと，そして日本はそれを聞いて，ちょっとやばいって思ってるってところが大事なの。

 そんなん見てたら打払令とかこわくなるやん。

 でも，どうするんだ？　いよいよ鎖国やめるのか？

 とりあえず，異国船打払令は取りやめて，**外国船が来たら燃料・水ぐらいの補給は認めよう**ってなるの。

 早く帰ってほしいからな。

 いや，急に弱気！

 日本は日本で大変だったの！　大御所政治とか天保のききん，大塩の乱もあっただろ？　幕府が批判を受けてたんだ。

 そんな幕府を回復させようと，12代将軍徳川家慶の老中 水野忠邦が 天保の改革 を始めるの。

 どんな政策を行うの？

 物価を下げるために 株仲間を解散させた。
厳しい倹約を命じて，ぜいたく品を禁止した。
江戸に出稼ぎにきていた農民を半強制的に農村に帰らせた。

- **ロシア, イギリス, アメリカ船などの接近→異国船打払令**
- **アヘン戦争…清がイギリスに敗れる**
- **天保の改革(水野忠邦)…株仲間の解散, 人返し令, 上知令に失敗**

 あれ？　なんか寛政の改革を思い出すな。

 そして上知令(じょうちれい)(あげちれい)を出して, **江戸と大坂周辺を幕府の直轄地(ちょっかつち)**にしようとした。

 うまくいったのか？

 厳しすぎて反発を受けて, 2年ほどで失敗したの。

 なんか, なかなかうまくいかんなぁ。

 もうだいぶ幕府も弱ってたのよ。手遅れだったのかもしれないね。

 ここでもう1つ覚えてほしいのは, 外国が日本に来るようになると, 日本で「天皇を敬(うやま)おう」という尊王論(そんのうろん)と,「外国人を撃退(げきたい)しよう」という攘夷論(じょういいろん)が生まれたことだ。のちに, この考え方が組み合わさって, 幕末に**尊王攘夷論**になったんだ。

練　習　問　題

▶解答は P.171

1 次の(　　　　)にあてはまる語句を, 下から選びましょう。

(1) 18世紀末以降, 日本に外国船が近づくようになると, 幕府は(　　　　　　　　)を出して, 外国船を追い払いました。

(2) 1840 ～ 42年, イギリスと清との間で(　　　　　　　　)がおこり, イギリスが勝利しました。

〔　**アヘン戦争**　　独立戦争　　異国船打払令　　倹約令　〕

2 次の問いに答えましょう。

(1) 老中の水野忠邦は, 物価の上昇をおさえるため, 何の解散を命じましたか。

(　　　　　　　　)

(2) 水野忠邦が江戸や大坂周辺の農村を幕領にしようとして出した命令を何といいますか。

(　　　　　　　　)

27

開国と江戸幕府の滅亡

 1853年，ペリーが黒船4隻を率いて，浦賀に来航するんだ。

 ネェ，開国シテクラサイヨー（巻き舌）。

 …もしかしてペリーの物まねか？　似てるかどうかはわからへんけど，心意気はかうわ。

 でも，まだ鎖国中だろ？　どうするんだ!?

 とりあえず来年返事するからって，帰ってもらうんだけど，まぁ勝てそうにないからな。翌年，日米和親条約を結んで，**下田と函館（当時は箱館）の2港を開港する**。開国だ。

 まぁそれだけなら大丈夫だよね？

 問題なのは次ね。1858年，日米修好通商条約を結ぶの。これは，日本にとって不平等な条約なのよ。

 🔧 POINT

開港地
日米和親条約
→下田・函館
日米修好通商条約
→函館，神奈川（横浜），
　長崎，新潟，兵庫（神戸）

 不平等ってどういうことなん？

 まず，治外法権の一種である**領事裁判権を認める**こと。これは，日本で何か悪いことをした外国人を，日本の法律で裁けないってことだ。基本的に罪は軽くなるな。

 そして，**関税自主権がない**ってことね。これは，外国からの貿易品に対して，関税の率を日本に決める権利がないというものよ。協定関税制ともいうわ。

 それって何か問題があるのか？

 例えば，日本に外国から安い綿織物が輸入されたとする。関税を多くかけないと，みんな安いものを買うだろ？　その結果，日本でつくられた綿織物が売れなくなる。

 しかも，同じ内容の条約をヨーロッパの国々とも結ぶことになるの。

 それは日本やばいな。

 そこで，国内で「**幕府はもうダメだから，天皇を中心とした新しい国をつくろう！**」という動きが出てくるんだ。前回やった**尊王攘夷運動**だな。

 当時有力だったのは，外様大名の**薩摩藩**と**長州藩**だね。でも，この2藩はとても仲が悪かったの。それを仲介して薩長同盟を結ばせたのが**土佐藩出身の坂本龍馬**だよ。

♡ **日本の開国**…ペリー来航→**日米和親条約**→**開国**→**日米修好通商条約**
　　　　→**尊王攘夷運動の広がり**

♡ **江戸幕府の滅亡**…**大政奉還**→**王政復古の大号令**→**戊辰戦争**

 幕府は薩長同盟と戦うの？

 さすがにまずい 状 況^{じょうきょう}だと気づいたんだろうな。1867年に15代将軍の徳川慶喜^{とくがわよしのぶ}は，京 都^{きょう と}で 大政奉還^{たいせいほうかん} を行って，**政権を 朝 廷に返すんだ**。

 そして，朝廷が 王政復古の大号令^{おうせいふっ こ} を出して，**天皇中心の政治に戻すことを宣言した**のよ。

 そんなに急な改革で，みんな何も言わんかったん？

 もちろん色々あったぞ。不満を持った旧幕府軍と新政府軍の間で1868年から**戊辰戦争**^{ぼ しん}がおこった。この戦いは約 1 年半続いて，最後には旧幕府軍が降伏した。

練 習 問 題

▶解答は P.171

1 次の（　　　）にあてはまる語句を，下から選びましょう。

(1) 1854年に結ばれた（　　　　　　　　）では,（　　　　　　　　　　）と函館を開きました。

(2) 土佐藩出身の（　　　　　　　　　）は,薩長同盟の仲立ちをしました。

〔 日米和親条約　　日米修好通商条約　　長崎　　下田　　坂本龍馬　　徳川慶喜 〕

2 次の問いに答えましょう。

(1) 1853年, 4 隻の軍艦^{ぐんかん}を率いて日本に来航した人物はだれですか。

（　　　　　　　　　　　）

(2) 1867年,江戸幕府15代将軍の徳川慶喜が政権を朝廷に返上したできごとを何といいますか。

（　　　　　　　）

(3) 1867年,朝廷が天皇中心の政治に戻すことを明らかにした宣言を何といいますか。　　　（　　　　　　　）

会長にも政権を返してもらおうな!

📅 勉強した日	月	日	得点

まとめのテスト

/100点

1 次の3つの改革について, 各問いに答えましょう。　　　　5点×6(30点)

A 享保の改革	**B** 寛政の改革	**C** 天保の改革

(1) **A〜C**の改革を行った人物を, 次の**ア〜エ**からそれぞれ選びなさい。
　ア 徳川吉宗　　**イ** 徳川綱吉　　**ウ** 水野忠邦　　**エ** 松平定信

　　　　　　　　　　　　　　　　A（　　　）B（　　　）C（　　　）

(2) **A**の改革で, 裁判の基準とするために制定された法律を何といいますか。
　　　　　　　　　　　　　　　　　　　　　　　　　（　　　　　　　　）

(3) **B**の改革で行われたことを, 次の**ア〜エ**から2つ選びなさい。
　ア 目安箱を設けた。　　　　**イ** 旗本・御家人の借金を帳消しにした。
　ウ 株仲間を解散させた。　　**エ** 倉を設け, 米を蓄えさせた。

　　　　　　　　　　　　　　　　　　　　　　　（　　　・　　　）

(4) 株仲間の結成を奨励し, 営業税を取るなど, 商業をさかんにすることで財政を再建させよ
うとした人物はだれですか。　　　　　　　　　　（　　　　　　　　）

2 次の問いに答えましょう。　　　　　　　　　　　　　　　4点×5(20点)

(1) 国王による絶対王政に不満を持った民衆が, 王政を倒す革命を何といいますか。
　　　　　　　　　　　　　　　　　　　　　　　　　（　　　　　　　　）

(2) イギリスで17世紀半ばにおこった, クロムウェル率いる清教徒たちが国王を倒した革命
を何といいますか。
　　　　　　　　　　　　　　　　　　　　　　　　　（　　　　　　　　）

(3) アメリカ独立戦争で司令官として活躍し, アメリカ初代大統領に就任したのはだれです
か。
　　　　　　　　　　　　　　　　　　　　　　　　　（　　　　　　　　）

(4) 右の**資料**は, 1789年に始まったフランス革命の中
で出された宣言です。この宣言を何といいますか。
　　　　　　　（　　　　　　　　）

資料

第1条　人は生まれながらに,
　　　自由で平等な権利を持つ。
第3条　主権の源は, 国民の
　　　中にある。

(5) 産業革命が世界で最初におこった国を, 次の**ア〜
エ**から選びなさい。
　ア イギリス　**イ** フランス　**ウ** ドイツ　**エ** スペイン

　　　　　　　　　　　　　　　　　　　　　　　　　（　　　　　　　　）

3 右の年表を見て，次の問いに答えましょう。 5点×10（50点）

年代	おもなできごと
1825	☐ A ☐ が出される
	天保のききんがおこる ……… B
1841	天保の改革が始まる
1853	☐ C ☐ が浦賀に来航する
1854	日米和親条約が結ばれる ……… D
1858	日米修好通商条約が結ばれる … E
1859	安政の大獄がおこる
1866	薩長同盟が成立する …………… F
1867	大政奉還が行われる …………… G

(1) 年表中の ☐ A ☐ にあてはまる，理由を問わず外国船を撃退するよう命じた法令を何といいますか。

（　　　　　　　　　）

(2) 年表中のBについて，天保のききんで苦しむ人々を救おうとして大坂で反乱をおこした，元大坂町奉行所の役人はだれですか。

（　　　　　　　　　）

(3) 年表中の ☐ C ☐ にあてはまる人物はだれですか。

（　　　　　　　　　　　）

(4) 年表中のDについて，日米和親条約で開かれた港を，次のア〜エから2つ選びなさい。
　ア 函館　　イ 新潟　　ウ 下田　　エ 神戸

（　　　）（　　　）

(5) 年表中のEについて，各問いに答えなさい。
　① 日米修好通商条約は日本にとって不利な条約でした。不利な点について述べた次の文中の ☐ X ☐，☐ Y ☐ にあてはまる語句を，それぞれ答えなさい。

　　┌─────────────────────────────┐
　　│ 外国に ☐ X ☐ を認め，日本に ☐ Y ☐ がなかったこと。 │
　　└─────────────────────────────┘

X（　　　　　　　　　） Y（　　　　　　　　　）

　② 日米修好通商条約が結ばれると，天皇を尊び，外国勢力を排除する運動がさかんになりました。この運動を何といいますか。

（　　　　　　　　　）

(6) 年表中のFについて，薩摩藩と長州藩を仲介し，同盟を成立させた人物を次のア〜エから選びなさい。
　ア 西郷隆盛　　イ 坂本龍馬　　ウ 木戸孝允　　エ 岩倉具視

（　　　）

(7) 年表中のGについて，大政奉還を行った江戸幕府15代将軍はだれですか。次のア〜エから選びなさい。
　ア 徳川家斉　　イ 徳川慶喜　　ウ 徳川綱吉　　エ 徳川家光

（　　　）

06

帝国主義の時代

Theme | 28 ››› 33

江戸幕府が滅びると，明治維新が始まって日本は近代化していくんだ

近代化？

簡単に言うと，民主的な世の中になって，産業が発達していくことね

なるほど～!!

日本は進んだ欧米に追いつこうと，さまざまな政策を行うんだ

まず第一の目標は，幕末に結んだ不平等条約の改正だ

もう一回条約結びなおしたらいいやん

もう一回ちゃんと結ぼう!!

近代化してない国は相手にされなかったんだ

だが断る

え～↓↓

だから,日本は法律をつくるなど近代化を進めていったのよ

へー

ランラン

うそやろ…。どっちもでっかい国やん

ガーン

こんなの勝てるわけが…

そして,この時代,日本は清(中国),続いてロシアと戦争をするんだ

どん、

ロシア帝国

清

日本

いや,それが結果的には勝つんだ

まじかっ!

うそだろっ!

それじゃあ,詳しく勉強していきましょう

おー!

アジア各地の植民地化

 このころの世界って，たしか産業革命がおこって，欧米諸国がアジアへ進出したんだったよね。安い原料や製品の市場を求めてたんだっけ？

そうだ。このころ，イギリスが清から茶や絹を輸入していたんだけど，清に支払う銀が不足してきた。そこで，当時**イギリスが支配を広げていたインドで，アヘン（麻薬）を栽培して，中国に密輸して，そのお金で茶などを買うようにした**。これを**三角貿易**というんだ。

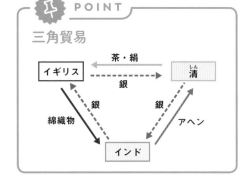

POINT

三角貿易

うわ，麻薬はあかんやろ。ダメ！　ゼッタイ！

そうね。清ももちろん怒って，アヘンを厳しく取りしまるんだけど，それに対してイギリスがいちゃもんをつけてきて，戦争になるの。これが，前に勉強した アヘン戦争 ね。

 日本が異国船打払令をやめたってやつやっけ？　しかし，イギリスえげつないな。

 1840年に始まったアヘン戦争は，もちろん近代的な兵器を使ったイギリスが勝つ。そして，1842年に 南京条約 を結んだんだ。

 南京条約で，**清がイギリスに香港をゆずり，多額の賠償金を支払わされる**ことになったの。それだけじゃなくて，チャンス！　ってことで，清に欧米諸国がどんどん進出してきたの。

 日本も下手したらやばかったってことか？

 そうだな。開国が遅れていたら，清のようになっていたかもしれない。

 清では**多額の賠償金を支払うために，国民に重税を課したの。**それに対して，洪秀全が率いる 太平天国の乱 がおこったのよ。でも，この反乱もイギリス軍やフランス軍の支援を受けた清によって鎮圧されちゃうの。

POINT

19世紀後半のアジアの情勢

♡ **東南アジアの植民地化**…インドネシアはオランダ, ベトナムはフランスの植民地に
♡ **中国の半植民地化**…アヘン戦争でイギリスが勝利→太平天国の乱
♡ **インドの植民地化**→インド大反乱をイギリスが鎮圧

 あと, 三角貿易でいいように使われていたインドだけど, インドでもイギリスに対してインド大反乱をおこすんだ。しかし, これも鎮圧されて, イギリスがインドを直接支配するようになっていったんだ。

 こんなにアジアが攻められてるんやったら, そろそろ日本も支配されそうやな…。

練 習 問 題

▶解答は P.172

1 次の（　　　）にあてはまる語句を, 下から選びましょう。

(1) 19世紀中ごろ, ジャワ島（インドネシア）は（　　　　　　　　　　）, ベトナムやカンボジア, ラオスは（　　　　　　　　）の植民地でした。

(2) イギリスは（　　　　　　　　）をインドに輸出し, インドで（　　　　　　　　）をつくらせて清に持ちこんで売り,（　　　　　　　　　　）を買っていました。

〔　スペイン　　フランス　　オランダ　　アヘン　　茶　　綿製品　〕

2 次の問いに答えましょう。

(1) イギリス, インド, 清の間で行われていた貿易を何といいますか。

（　　　　　　　　　　）

(2) 1840年, イギリスと清との間でおこった戦争を何といいますか。

（　　　　　　　　　　）

(3) (2)の講和条約を何といいますか。

（　　　　　　　　　　）

(4) (3)の条約によって清がイギリスにゆずった地域を, 次の**ア**〜**ウ**から１つ選びなさい。
　ア マカオ　　**イ** 南京　　**ウ** 香港　　　　　　　　　　（　　　　　　）

(5) 1851年, 清の政府に反抗し, 理想的な国家をめざしておこった反乱を何といいますか。

（　　　　　　　　　　）

(6) (5)の指導者はだれですか。

（　　　　　　　　　　）

勉強した日　　　月　　　日

明治維新

 日本では，明治新政府がさまざまな改革を進めた。これを 明治維新 という。まず「脱亜入欧」をめざしたんだ。

 だつあにゅうおう？

 「亜」はアジア，「欧」はヨーロッパのことね。日本はアジアではなく，ヨーロッパの仲間入りをめざしたの。

 ネックは，幕末に結んだ不平等条約だ。これを改正するために，**岩倉具視を代表とする岩倉使節団**が欧米に派遣されたんだが，憲法も国会もない国ということで，全然相手にされなかったんだ。

 世知辛い世の中やな～。

 条約改正のために，日本は中央集権国家をめざしたのよ。まず，政治の基本方針として 五箇条の御誓文 を定めて，民衆向けには**五榜の掲示**を示したの。

 中央集権国家なら，土地や人の支配が必要だったよね？

 その通りだ。まず，**大名に土地と人民を政府に返させた**。これが**版籍奉還**だな。そして，1871年に**藩を廃止して府県を置き，各府には府知事，各県に県令（後の県知事）を派遣した**。これが 廃藩置県 だ。これで中央集権国家の完成だ。

 これでヨーロッパの仲間入りができたのか？

 まだまだ。産業を発展させて（**殖産興業**），強い国にしないといけないと考えたんだよ。つまり，**富国強兵**をめざしたの。

 まずは**学制**だな。学校を大学・中学校・小学校の3段階にして，**満6歳以上のすべての男女は小学校教育を受けることを義務とした**んだ。

 なんだ，学制がなかったら，勉強しなくてよかったのか？

 明治政府もいらんことしてくれたな。

 教育は大事よ。豊かな国をつくるために，まず行われるぐらいだもの。

 勉強できるって恵まれてることだよね。

 あと，徴兵令 が出された。**満20歳になった男子には兵役の義務が負わせられた**。

♡ **明治維新**…五箇条の御誓文, 版籍奉還, 廃藩置県
♡ **改革と抵抗**…学制, 徴兵令, 地租改正→反対一揆
♡ **「殖産興業」**…「富国強兵」のために官営模範工場を建設→近代工業の育成

 そして，<ruby>地租改正<rt>ち そ かいせい</rt></ruby> ね。**土地の値段を決めてその所有者に地券を発行する。**そして，その所有者から地租として地価の３％を現金で納めさせたの。

 今までは<ruby>年貢<rt>ねん ぐ</rt></ruby>だったから，収穫高によって税収が変動したけど，**地租改正によって財政が安定するようになったんだ。**それに，農民以外も税を納めなければならなくなった。

 これら３つの政策は，すべて反対一揆がおきたんだよね。改革って大変なんだね。

 そうよね。それだけではなくて，群馬県に <ruby>富岡製糸場<rt>とみおかせい しじょう</rt></ruby> なんかの**官営模範工場**をつくって，近代工業を育成していったのよ。

 殖産興業やな。こんだけやったらヨーロッパにも認めてもらえたんやんな？

 それはもう少し先になるんだ。

練 習 問 題

▶解答は P.172

1 次の（　　）にあてはまる語句を，下から選びましょう。

(1) 明治新政府は，各藩の領地と人民を天皇の支配下に置く（　　　　　　）や，藩を廃止して県を置く（　　　　　　）を行いました。

(2) 欧米諸国に対抗するため，経済力を発展させて，強力な軍隊をつくることをめざす政策を（　　　　　　）といいます。

(3) 徴兵令により，満（　　　　　　）歳以上の男子は兵役の義務を負いました。

〔　殖産興業　　廃藩置県　　版籍奉還　　富国強兵　　18　　20　〕

明治維新の諸改革を整理しといてね。

30 国境と領土の確定

 明治政府は，国内の改革がだいたい終わったころ，次は日本の領土の確定や国境をはっきりさせようとしたんだ。

 え！　それまではっきりしてなかったん！？

 そうよ。まず北の国境をはっきりさせたわ。幕末に結んだ条約では，択捉島以南の北方領土を日本，得撫島以北の千島列島をロシアのものとしたけど，樺太（サハリン）が日本とロシア，どちらの領地かはっきりしなかったの。

 で，樺太はどっちのものになったの？

 1875年にロシアと結んだ**樺太・千島交換条約**で，**樺太はロシアの領土になった**んだ。

 そして，それまでロシアの領地だった**千島列島が日本の領土になった**のよ。

 トレードしたってことやな。

 「交換」条約だからな。そのあと小笠原諸島，**尖閣諸島**，**竹島**が日本の領地になって，日本の北端と南端が画定したんだ。

 そーいえば，北海道はどうなってるんだ？

 このころ政府が蝦夷地（北海道）の開拓を進めて，1869年に「北海道」という名前にしたの。そのあと開拓使という役所を置いて，農業と兵士の両方を行う 屯田兵 とよばれる人が開拓をすすめたのよ。

 あれ？　北海道って，アイヌの人々が昔から住んでなかったっけ…？　その人たちとは，もめなかったの？

 よく覚えてたな。その通り，先住民のアイヌの人々は開拓によって自分たちの土地や漁場を奪われた。

 さらにアイヌの人々の伝統的な風習や文化を否定して，日本人として生活させるようにしたのよ。

POINT

国境の確定

♡ 樺太・千島交換条約…樺太をロシア，千島列島を日本の領土とした
♡ 北海道…蝦夷地を改称→屯田兵が開拓
♡ 沖縄県…琉球王国→琉球藩→沖縄県（琉球処分）

 何か強引だな～。

 ほんとにね。そのあと1899年にはアイヌの人々の生活を保護する北海道旧土人保護法を出したんだけど，あまり効果はなかったみたい。

 沖縄も確か昔は違う国だったよな。

 もしかして，また同じことやったんちゃうん!?

 そうだな。もともと沖縄は琉球王国という国だったよな。日本と中国のどちらにも属するっていう関係だったんだけど，日本が1872年に琉球藩にした。

 日本の藩の1つにしちゃったんだ…。

 そして1879年には，武力で琉球藩を廃止して沖縄県を設置した。これを 琉球処分 という。

 沖縄県でも，本土の風習や文化に合わせる政策が行われたのよ。

 やっぱり強引だな～。

練 習 問 題

▶解答は P.173

1 次の（　　　）にあてはまる語句を，下から選びましょう。

（1）　1875年,日本とロシアは樺太・千島交換条約を結び,（　　　　　　　　）を日本の領土とし,（　　　　　　　　　）をロシアの領土とすることにしました。

（2）　1869年に蝦夷地を（　　　　　　　　）と改称し,開拓使という役所を置きました。

（3）　1879年,琉球藩を廃止して（　　　　　　　　）を設置しました。

〔　北海道　　東京都　　樺太　　千島列島　　沖縄県　　尖閣諸島　〕

立憲国家の成立

明治政府は，江戸幕府を倒す中心となった**薩摩藩や長州藩の出身者**が中心だったの。そんな政府の政治に対して，多くの士族が不満を持っていたのよ。

士族っていったら，元武士の人だね。

そうだ。武士は幕府や藩からお給料をもらっていたんだが，明治政府になって急にそれがなくなったからな。他にも色んな特権が認められていたんだが，それらをすべて失った。

そりゃ不満も出るやろ。

士族は２つの方法で抵抗するの。まず１つ目が武力による抵抗。一番大きいのは，**西郷隆盛**をリーダーとして九州でおきた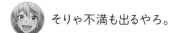ね。でもすぐに新政府軍に鎮圧されちゃうの。

明治時代になってもなかなか平和にならないんだな。

でも武力はここまで。ここからは，すでに始まっていた言論による抵抗になる。

言論での抵抗？

憲法を制定して国会を開き，政治に参加させろと訴えたんだ。これを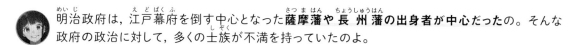という。1874年，土佐藩出身の**板垣退助**らが**民撰議院設立の建白書**を提出したことから始まった。

でも，言論だけやろ？　効果あんの？

それがあるのよ。自由民権運動が高まって全国に広がると，政府もさすがに無視できなくなって，1881年の段階で，**1890年に国会を開くことを約束する**の。

国会が開かれることが決まると，民衆は次にどうすると思う？

打ち上げだろ？　　　打ち上げやな。よっしゃウチが店おさえとくわ。嫌いなもんある？

待て待て。大学生じゃねーぞ。
国民の意見を政治に反映させるために，政党をつくるんだ。

国会開設に備えて，**板垣退助**は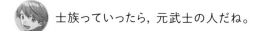，**大隈重信**は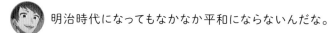をつくるのよ。

あと憲法な。近代国家をつくってヨーロッパに認められたい政府は，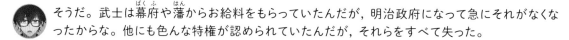をヨーロッパに派遣する。そして，君主権が強い**プロイセン（ドイツ）**の憲法をお手本にして，大日本帝国憲法をつくるんだ。

✓ **自由民権運動**…民撰議院設立の建白書→国会期成同盟→自由党・立憲改進党
　　　　→帝国議会
✓ **大日本帝国憲法**…天皇が国の元首, 帝国議会, 衆議院と貴族院

大日本帝国憲法って, 今の憲法と何が違うん？

そうね, 今の憲法は国民に主権があるけど, **大日本帝国憲法では天皇に主権があった**の。

あと, 当時の議会は 貴族院 と 衆議院 の二院制だったんだ。

今は参議院と衆議院だよね？　貴族院って参議院とは違うの？

貴族院議員は華族や高額納税者などの代表で, 天皇に任命された。選挙で選ばれるのは衆議院議員だけだ。

しかしまぁ, これでみんな政治に参加できるようになったんだよな？

いいえ。まだまだなの。最初の選挙で選挙権をあたえられたのは, **直接国税を15円以上納める満25歳以上の男子**に限られたの。これは全人口の約１％しかいないのよ。

練 習 問 題

▶解答は P.173

1 次の問いに答えましょう。

(1) 国会の開設と国民の政治参加を求めて行われた運動を何といいますか。

（　　　　　　　　　　）

(2) 1877年に西郷隆盛をリーダーとして, 鹿児島の士族らがおこした反乱を何といいますか。

（　　　　　　　　　　）

(3) 1889年, 伊藤博文が中心となってつくった, プロイセン（ドイツ）の影響を受けた憲法を何といいますか。

（　　　　　　　　　　）

(4) 自由党の創設時に党首となったのはだれですか。

（　　　　　　　　　　）

(5) 立憲改進党の創設時に党首となったのはだれですか。

（　　　　　　　　　　）

日清・日露戦争

 1894年，朝鮮半島南部で**甲午農民戦争**（東学党の乱）がおこるんだ。朝鮮は清に助けを求めるんだけど，これに対して，居留民の保護などを理由に日本も出兵した。

 え？　清に助けを求めたのにか？

 日本が朝鮮半島進出をねらっていたのよ。

 朝鮮半島で日本と清の軍隊が衝突して**日清戦争**が始まった。結果は，元からやる気マンマンで，かつ近代的な装備を整えていた日本が勝つんだ。

 翌年，日清戦争の講和条約である 下関条約 が結ばれたの。下関条約の内容として，**台湾と遼東半島を日本にゆずること**，賠償金2億両を日本に払うことなどが決められたのよ。

 しかし，**ロシアがフランス，ドイツと組んで遼東半島を清に返すよう，日本に求めてきた**。これを 三国干渉 という。さすがにこの3国と戦う力がなかった日本は，遼東半島を清に返した。

POINT

遼東半島

遼東半島

 ロシアは清の味方なん？

 その逆だよ。ロシアも満州と朝鮮をねらっていたの。

 朝鮮？　中国の満州だけじゃなくて，さらに南も？

 日清戦争後，朝鮮は清からの独立を宣言して，1897年に国名を**大韓帝国（韓国）**と変更して日本（大日本帝国）に対抗するんだ。三国干渉でロシアと対立した日本は，同じくロシアと対立していたイギリスと手を組むことにする。1902年の 日英同盟 だ。

 そして，1904年，日本とロシアとの間で**日露戦争**が始まったのよ。

 いや，さすがにロシアは強いだろ。でかいし。

 そうだな。だいぶ激しい戦いだったんだが，日本海海戦で勝利したタイミングでアメリカが仲介して，日本の勝利ってことになった。

 戦争のあとは講和条約よ。1905年， ポーツマス条約 で，ロシアが日本の韓国への優越権を認めることや，南満州鉄道の権利を日本にゆずることなどが決められたのよ。

♡ **日清戦争**…日本が圧倒的に勝利→**下関条約**
♡ **日露戦争**…日本が辛うじて勝利→**ポーツマス条約**
♡ **不平等条約の改正**…**陸奥宗光**と**小村寿太郎**が実現

 あれ，今回は賠償金なしなん？

 ああ。激しい戦争で被害も大きかったから，日本国民は賠償金を求めたが，認められなかった。それで**日比谷焼き打ち事件**のような暴動もおこったぞ。

 戦争に勝ったからってうまくいくとは限らないんだね。

 でも，この2つの戦争の前後で達成できたこともあるのよ。条約の改正だね。

 念願だったやつか！

 1894年，日清戦争開戦の直前に **陸奥宗光** 外相が **領事裁判権の撤廃に成功**し，1911年に **小村寿太郎** 外相が **関税自主権の回復に成功**した。

 「脱亜入欧」の達成だね。

練 習 問 題

▶解答は P.173

1 次の問いに答えましょう。

(1) 朝鮮でおこり，日清戦争のきっかけとなった農民の反乱を何といいますか。

（ 　　　　　　　　　　 ）

(2) 日清戦争の講和条約を何といいますか。

（ 　　　　　　　　　　 ）

(3) ロシアなどが遼東半島を清に返還するよう，日本に要求したできごとを何といいますか。

（ 　　　　　　　　　　 ）

(4) 1902年，日本がイギリスと結んだ同盟を何といいますか。

（ 　　　　　　　　　　 ）

(5) 日露戦争の講和条約を何といいますか。

（ 　　　　　　　　　　 ）

(6) 1911年，関税自主権の回復に成功した外務大臣はだれですか。

（ 　　　　　　　　　　 ）

帝国主義の進展

 日清戦争，日露戦争に勝ち，条約改正に成功した日本は，**帝国主義国家の一員**になったぞ。

 ていこくしゅぎ？

 帝国主義っていうのは，国が植民地政策をとることね。

 日本にも植民地ってあったん？

 まず日清・日露戦争で手に入れた台湾・南樺太だな。そして韓国。

 韓国って，ポーツマス条約で日本がロシアに優越権を認められたんだったよね？

 ああ，その通りだ。日露戦争のあと，日本は韓国を保護国として外交権を得たんだ。そして**韓国統監府**を置いた。初代統監には 伊藤博文 が就いたぞ。その後，韓国の皇帝は退位し，軍隊も解散し，1910年に 韓国併合 （日韓併合）が行われた。

 そして韓国は朝鮮とよばれるようになって，**朝鮮総督府**を置いたのよ。

 なるほど。これで朝鮮も日本の植民地になったんだね。

 次は他の国を見てみよう。まずは中国だ。清では，1911年，民衆や軍が反政府運動をおこしたんだ。これが 辛亥革命 だ。指導者の 孫文 は三民主義を唱え，1912年に 中華民国 を建国し，清はほろんだ。

 前にヨーロッパで習った市民革命ってやつやな。

 日本は**南満州鉄道株式会社**を設立して，**満州南部の支配を強めた**の。でも，アメリカも満州への進出をめざしていたから，しだいに対立していったのよ。

 え，日露戦争の講和の仲介をしてもらったのに，対立するの？

 そうね。これが太平洋戦争に続いていくのよ。

 じゃあロシアとはどうなんだ？

日露戦争の後，４度にわたって日露協約を結んでいるうちに，ちょっと仲良くなるの。

✓ **日本による韓国の植民地化**…韓国統監府→韓国併合→朝鮮総督府
✓ **中国での革命**…孫文による辛亥革命→中華民国の建国
✓ **三民主義**…民族，民権，民生

 えぇ!?

 あれ？　たしかロシアと対立しているどうしということで，イギリスと3次にわたる日英同盟を結んだんじゃなかったっけ？

 だからイギリスとの関係はちょっと冷めていったんだ。

 平和な世の中っていうのは，なかなかに難しいもんやなぁ。

練 習 問 題

▶解答は P.173

1 次の(　　　　)にあてはまる語句を，下から選びましょう。

(1) 1905年，日本は韓国を保護国とし，(　　　　　　　　　)を初代統監として韓国統監府を置きました。

(2) 中国で，民族の独立などからなる三民主義を唱えたのは(　　　　　　　　)です。

〔 **伊藤博文**（いとうひろぶみ）　**大隈重信**（おおくましげのぶ）　**朱元璋**（しゅげんしょう）　**孫文** 〕

2 次の問いに答えましょう。

(1) 1910年，日本が朝鮮半島を植民地化したできごとを何といいますか。

(　　　　　　　　　)

(2) 日本が朝鮮を植民地支配するために設置した官庁を何といいますか。

(　　　　　　　　　)

(3) 1911年に清で始まった，民衆や軍による反政府運動を何といいますか。

(　　　　　　　　　)

(4) (3)の結果，建国されたアジア最初の共和国を何といいますか。

(　　　　　　　　　)

| 📖 勉強した日 | 月 | 日 | 得点 |

まとめのテスト

/100点

---

1 次の問いに答えましょう。　　　　　　　　　　　　　　5点×4(20点)

(1) 右の**資料**は, 19世紀のイギリスの三角貿易を示したもの
です。これを見て, 各問いに答えなさい。

① **A**の国名と**B**の貿易品の名前を答えなさい。

A（　　　　　　　）　**B**（　　　　　　　）

② 1840年にイギリスと清との間で戦争がおこりました。こ
の戦争を何といいますか。また, この戦争の講和条約を
何といいますか。

戦争（　　　　　　　）　条約（　　　　　　　）

資料

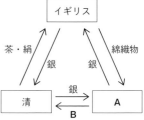

---

2 右の年表を見て, 次の問いに答えましょう。　　　　　　5点×4(20点)

(1) 年表中の　**A**　にあてはまる, 天皇が神に誓う
という形で明治政府が政治の方針を示したものを
何といいますか。

（　　　　　　　　　　　　）

(2) 次の①・②は, 年表中の①・②にあてはまる政
策です。これらの政策をそれぞれ何といいますか。

① 藩主が治めていた土地と人民を天皇に返さ
せた。

② 藩を廃止して府と県を置き, 中央から府知事・県令を派遣した。

①（　　　　　　　　　）　②（　　　　　　　　　）

年代	おもなできごと
1868	**A** が出される
1869	① が行われる
1871	② が行われる
1872	学制が公布される……**B**
1873	地租改正が行われる…**C**
	徴兵令が出される……**D**

(3) 年表中の**B**～**D**について述べた次の文中の　**X**　～　**Z**　にあてはまる数字の組み
合わせとして正しいものを, あとの**ア**～**エ**から選びなさい。

・学制により, 　**X**　歳以上の男女は小学校教育を受けることとなった。
・地租改正の当初の税率は地価の　**Y**　%とされた。
・徴兵令により, 　**Z**　歳以上の男子に兵役が義務付けられた。

ア **X**-6　**Y**-3　**Z**-18　　**イ** **X**-6　**Y**-3　**Z**-20
ウ **X**-9　**Y**-5　**Z**-18　　**エ** **X**-9　**Y**-5　**Z**-20

（　　　　　　）

3 右の年表を見て，次の問いに答えましょう。　　　6点×10（60点）

年代	おもなできごと
1874	民撰議院設立の建白書 ……A
1889	大日本帝国憲法の発布 …… B
1894	日清戦争……………………C
	↕X
1904	日露戦争……………………D
1910	韓国併合……………………E
1911	辛亥革命（中国）…………F

(1) 次の①・②の説明にあてはまる人物を，あとの**ア〜エ**からそれぞれ選びなさい。

　① 年表中の**A**を政府に提出した。

　② 年表中の**B**の草案作成の中心となった。

　　ア 西郷隆盛　　**イ** 伊藤博文
　　ウ 板垣退助　　**エ** 大隈重信

　　　　　　　①（　　　）②（　　　）

(2) 年表中の**C**について，各問いに答えなさい。

　① 日清戦争の講和条約を何といいますか。

　　　　　　　　　　　　（　　　　　　　）

　② ①の講和条約で日本が清からゆずり受けた遼東半島を，右の**地図**中の**ア〜エ**から選びなさい。

　　　　　　　　　　　　（　　　　　）

　③ ロシア・フランス・ドイツが，遼東半島を清に返還するよう日本に要求したできごとを何といいますか。

地図

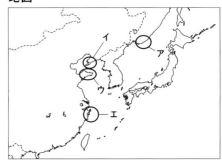

　　　　　　　　　　　　　　　　（　　　　　　　　　）

(3) 年表中の**X**の時期に，日本が同盟を結んだ国を，次の**ア〜エ**から選びなさい。

　ア 清　　**イ** オランダ　　**ウ** イギリス　　**エ** アメリカ

　　　　　　　　　　　　　　　　　　　　　（　　　　　　）

(4) 年表中の**D**について，各問いに答えなさい。

　① 日露戦争の講和条約を何といいますか。

　　　　　　　　　　　　　　　　　　　（　　　　　　　　）

　② 日露戦争に勝ったことで，日本は欧米諸国の仲間入りを果たしました。このころ，欧米諸国が武力でアジアやアフリカなどに植民地を広げた動きを何といいますか。

　　　　　　　　　　　　　　　　　　　（　　　　　　　　）

(5) 年表中の**E**について述べた，次の文章中の　　　　にあてはまる人物名を答えなさい。

> 日露戦争後，日本は韓国を保護して外交権をうばい，韓国統監府を置いた。その初代統監となったのは　　　　である。その後，韓国皇帝を退位させ，軍隊も解散させると，1910年に韓国を併合した。

　　　　　　　　　　　　　　　　　　　（　　　　　　　　）

(6) 年表中の**F**について，辛亥革命によって中国に成立した国を何といいますか。

　　　　　　　　　　　　　　　　　　　（　　　　　　　　）

07

二度の世界大戦と日本

Theme | 34 ››› 38

20世紀初めのヨーロッパは、三国協商と三国同盟に分かれて対立していたんだ

ロシア
三国協商
（1907年）
フランス
イギリス

対立

ドイツ
三国同盟
（1882年）
オーストリア
イタリア

そして、この対立から第一次世界大戦が始まる

クエスチョン‼

さて、日本はどちら側についたと思う？

……！

そういえば、日本はイギリスと日英同盟を結んでいたよね

ということは三国協商の方だ！

正解‼

どう？

そう。日本は三国協商側についていた。そして、第一次世界大戦では戦勝国になる

‼‼

田乃内くんすごい！

えへへ

うんうん

ぐぬぬ…

くそぅ…！

第二次世界大戦では, 日本がおもに2つの国と同盟を結んで連合国と戦うことになる

このとき日本が同盟を結んだ国は…。洸, 六花, わかるか?

負けられない！

アホ頂上決戦

負けられへん！

春はともかく, 洸に負けたら同好会で一番あほってことや…！どうしたら……！

えーと, えーと, 日本が同盟を結んだのは…

六花に勝つにはどうしたら……っ

ひらめいた……!!

相手が先に答えそうになったら…

大きな声で…

邪魔しよう!!

お互いを警戒する2人

じ゛ッ…

お互いを警戒する2人

じ゛ッ……

ドロー!!（正解は本編で）

第一次世界大戦と日本

第一次世界大戦前のヨーロッパでは，2つの陣営の対立があった。**ドイツ・オーストリア・イタリアの** 三国同盟 **と，イギリス，フランス，ロシアの** 三国協商 だ。

こんな緊張状態の中，1914年，「ヨーロッパの火薬庫」とよばれていた**バルカン半島のサラエボ**で，**オーストリア皇位継承者夫妻がセルビアの青年に暗殺された**の。オーストリアはセルビアに宣戦布告して，間もなく各国が参戦したのよ。

オーストリアはドイツ・イタリアと三国同盟を組んでたからわかるんだけど，セルビアは？

セルビアはロシアを後ろ盾にしていたから，三国協商が参戦したの。

こうして，**ドイツ・オーストリアを中心とする同盟国**と，**イギリス・フランス・ロシアを中心とする連合国（協商国）**に分かれて 第一次世界大戦 が始まったんだ。

ちょっと待って。イタリアはどこいったん？

イタリアは，開戦の翌年にオーストリアとの対立が激しくなり，同盟から脱退したんだ。そして連合国側で参戦する。だからカットした。

えぇ！　いいの？　イタリアはそれでいいの？

「昨日の友は今日の敵」みたいなもんよ。

ここでちょっと日本を見てみよう。

ヨーロッパの戦争だろ？　日本に関係あるのか？

🔧 POINT

第一次世界大戦中のヨーロッパ

連合国側
同盟国側
中立国

ロシア

ベルギー
イギリス
ドイツ
オーストリア
ルーマニア
フランス
セルビア
ブルガリア
ポルトガル
イタリア
オスマン
スペイン
ギリシャ
（トルコ）

もちろんよ。**戦争をしていたヨーロッパからいろいろな品物の注文があったり，戦争でがら空きになったアジア市場に綿織物を輸出したり**と好景気になるの。**大戦景気**というのよ。

そして，日本も第一次世界大戦に参戦するんだ。

え，なんで関係ないやん！

まぁ，勝てそうだったからだろうな。ほら，日本も同盟を組んでいただろ？　それを口実にな。

あ，日英同盟か。ということは連合国側だね。

♡ **第一次世界大戦前**…三国同盟と三国協商の対立
♡ **大戦中**…ロシア革命→各国がシベリア出兵→日本で商人が米の買い占め→米の
価格が高騰→米騒動

そうね。連合国側で参戦した日本は，**ドイツの軍事基地がある中国の山東半島を占領**して，1915年，中国に 二十一か条の要求 を突きつけたのよ。

ロシアでは1917年に ロシア革命 がおこったんだ。帝政ロシアが倒れて，5年かけて社会主義を掲げる**ソビエト社会主義共和国連邦（ソ連）**が成立する。

社会主義の拡大をおそれて，アメリカやイギリスを中心に各国はその間に**シベリア出兵を行った**んだけど，革命軍の抵抗によって撤退したのよ。

日本もシベリア出兵したのか。

うん。1918年，日本も出兵することが決まると，**商人が米を買い占めたので，価格が急激に上がった**の。それで全国で米の安売りを求める 米騒動 がおこったのよ。

練習問題

▶解答は P.174

1 次の問いに答えましょう。

(1) 1914年にヨーロッパでおこった，連合国と同盟国との戦争を何といいますか。

( )

(2) 「ヨーロッパの火薬庫」とよばれていた半島は何半島ですか。

( )

(3) (1)の戦争で同盟国側として参戦した国を，次の**ア〜エ**から1つ選びなさい。

ア 日本　**イ** ドイツ　**ウ** イギリス　**エ** ロシア

( )

(4) 1915年，日本が中国に突きつけた要求を何といいますか。

( )

(5) ロシア革命の影響をおそれ，各国はロシアに軍隊を送りました。このできごとを何といいますか。

( )

(6) ロシア革命で帝政ロシアが倒れた後，1922年に成立した国を何といいますか。

( )

国際平和体制と民主主義

 第一次世界大戦は**1918年にドイツが降伏したこと**で，**連合国軍の勝利で終わる**。翌年，パリ講和会議が開かれ，ベルサイユ条約が結ばれたんだ。

 戦争に負けたドイツに対する制裁だね。

 そうよ。ドイツは植民地を没収され，領土や軍備も縮小されて，多額の賠償金を負うことになったの。

 ここからのポイントはアメリカだ。1917年から参戦した第一次世界大戦では，ほぼノーダメージだったからな。アメリカを中心に見ていくとわかりやすいんだ。
まず，**ウィルソン大統領**の提案で，1920年に世界初の国際平和機構として国際連盟がつくられた。

 おぉ，知ってるぞ！　国連ってやつだな。

 多分池端くんが言ってるのは，今の国連，つまり国際連合のことね。国際連盟は国際連合の前につくられた国際組織のことよ。

 なんだ，どこか違うのか？

 そうだな。国際連盟では，**大事なことを決めるときに全会一致制の議決方法**だったから，なかなか話がまとまらなかった。また，何か問題がおこったときに**武力制裁ができなかった**ことから，すべて話し合いで決める必要があった。

 そして，**アメリカは国際連盟に参加しなかった**の。国内の議会で反対されたからね。

 えぇ！　言い出しっぺやのに？

 このベルサイユ体制によって，ヨーロッパでドイツを抑え込んだ。次に1921〜22年に**ワシントン会議**が行われ，アジア・太平洋で日本が抑え込まれる。これはワシントン体制。

 あれ？　日本は連合国側だから負けたわけではないよね。

 まぁな。四か国条約・九か国条約・海軍軍縮条約で，日英同盟破棄・中国の地位確認・主力艦の軍縮が決められたんだけど，これは日本に対してブレーキをかけたものだった。

 なんで日本がねらわれたんだ？

 アメリカと日本は満州をめぐって対立していたよね？　そういうことよ。

✓ **ベルサイユ体制**…ヨーロッパにおけるドイツ抑え込み
✓ **ワシントン体制**…アジア・太平洋における日本抑え込み
✓ **大正デモクラシー**…大日本帝国憲法の枠内で市民的自由を求める

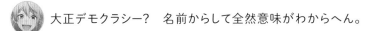 このころの日本だが，ロシア革命が成功したことの影響なんかもあって，民主主義的な風潮が広まっていたんだ。これを 大正デモクラシー という。

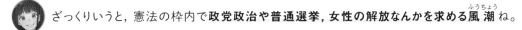 大正デモクラシー？　名前からして全然意味がわからへん。

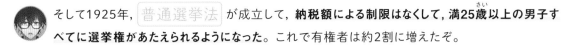 ざっくりいうと，憲法の枠内で**政党政治や普通選挙，女性の解放なんかを求める風潮**ね。

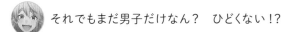 そして1925年， 普通選挙法 が成立して，**納税額による制限はなくして，満25歳以上の男子すべてに選挙権があたえられるようになった**。これで有権者は約2割に増えたぞ。

 それでもまだ男子だけなん？　ひどくない!?

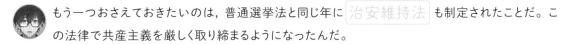 そうね。日本で女性に選挙権があたえられるのは，第二次世界大戦が終わってからなの。

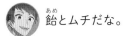 もう一つおさえておきたいのは，普通選挙法と同じ年に 治安維持法 も制定されたことだ。この法律で共産主義を厳しく取り締まるようになったんだ。

飴とムチだな。

練 習 問 題

▶解答は P.175

1 次の問いに答えましょう。

(1) 1919年のパリ講和会議で結ばれた講和条約を何といいますか。

（　　　　　　　　）

(2) 1920年，アメリカのウィルソン大統領の提案でつくられた，世界平和と国際協調を目的とした国際機関を何といいますか。 （　　　　　　　　）

(3) 第一次世界大戦後，日本では憲法の枠内で市民的自由を求める風潮が広まりました。これを何といいますか。 （　　　　　　　　）

(4) 1925年に成立した，満25歳以上のすべての男子に選挙権をあたえるとした法律を何といいますか。 （　　　　　　　　）

(5) (4)の法律と同じ年に制定された，共産主義を厳しく取り締まる法律を何といいますか。

（　　　　　　　　）

勉強した日　　　月　　　日

世界恐慌とファシズムの台頭

 第一次世界大戦後，戦場にならず無傷だったアメリカの援助で，各国は復興していった。こうしてアメリカは世界経済の中心になっていったんだ。

 それで何か問題があるのか？

 ヨーロッパの経済が回復してくると，それまでアメリカから輸出していたものも不要になるよな？そうすると，アメリカ国内で商品があまるようになってくる。

 何か嫌な予感やな。

 1929年，ニューヨークのウォール街株式市場で株価が大暴落したの。アメリカでは多くの会社や工場がつぶれて失業者が増え，物が売れなくなってさらに会社や工場がつぶれる 恐 慌（突然の大不 況 ）になったの。

 アメリカは世界経済の中心だったよね？

 その通り。アメリカでおこった恐慌は世界中に広がり， 世界恐慌 となったんだ。

 ど，どうすんの？　さすがに世界中で恐慌はやばいやろ？

 まずアメリカは，**農業や工業の生産を調整したり，積極的に公共事業をおこして失業者をやとったりして，自国を中心に景気の回復をめざした**の。これを**ニューディール（新規まき直し）政策**というのよ。

 イギリスやフランスには植民地がたくさんあったよな？　そこで，**植民地との関係を強め，他の国の商品に対しては高い関税をかけ，貿易から締め出す**という**ブロック経済政策**を行った。

 そんなことされたら，植民地がない国とか少ない国は困るだろ？

 そうなの。だから，ドイツやイタリアでは軍国主義的な**ファシズム**が台頭し，新たな領土の獲得をめざし始めるのよ。

 イタリアでは ムッソリーニ 率いる**ファシスト党**，ドイツでは ヒトラー 率いる**ナチス（ナチ党）**の独裁政治が行われるようになっていくんだ。

 日本はどうなったの？

 日本は大戦景気があったけど，第一次世界大戦が終わってから，関東大震災などもあって，ずっと不景気だった。そこへ世界恐慌だからな。

| 最重要まとめ |

♡ **世界恐慌**…アメリカは**ニューディール政策**, イギリスやフランスは**ブロック経済**で対応
♡ **ファシズム**…イタリアの**ムッソリーニ**, ドイツの**ヒトラー**
♡ **社会主義国**…ソ連の**スターリン**による**五か年計画**

 日本もイギリスやフランスのように, ブロック経済をめざそうとするのよ。

 これは次に詳しく勉強しよう。

 そういえばロシアはどうしてたん?

 ロシアじゃなくてソ連な。ロシアは**レーニン**らがおこしたロシア革命によって帝政（ていせい）が倒れて, ソ連になったんだ。社会主義国のソ連は**五か年計画**を立てるなど, 独自の政策を行っていたから, **世界恐慌の影響（えいきょう）を受けなかった**。このときの指導者は スターリン だ。

練習問題

▶解答は P.175

1 次の(　　　)にあてはまる語句を, 下から選びましょう。

(1) 1929年, アメリカの(　　　　　　　　　)で株価が大暴落したことをきっかけに, 世界恐慌が始まりました。

(2) 世界恐慌に対して, アメリカでは公共事業をおこして政府が需要をつくる(　　　　　　　　)政策, イギリスやフランスなどでは(　　　　　　　　)政策が実施されました。

〔　**ロサンゼルス**　　**ニューヨーク**　　**ニューディール**　　**ブロック経済**　〕

2 次の問いに答えましょう。

(1) イタリアのファシスト党を率いたのはだれですか。

(　　　　　　　　　　)

(2) ドイツのナチス(ナチ党)を率いたのはだれですか。

(　　　　　　　　　　)

(3) 世界恐慌がおこったころ, ソ連では五か年計画が行われていました。そのときの指導者はだれですか。

(　　　　　　　　　　)

37 満州事変と日中戦争

前回，アメリカから世界恐慌がおこったという話をしたよな。日本もこの影響を受け，大打撃を受けてしまう。この1930 ～ 31年におきた日本の恐慌を**昭和恐慌**というんだ。

イギリスやフランスのように，ブロック経済をめざすんだよな？

池端くん，すごいね。**日本は，日本・満州・中華民国でブロック経済を行うため，まずは満州進出をめざす**のよ。

日露戦争の勝利で，南満州鉄道の利権を手に入れていたよね。

1931年，**満州に置かれた関東軍という日本の陸軍**が，その南満州鉄道の線路を爆破する（**柳条湖事件**）。そして，爆破を中国のせいにして軍事行動を始め，満州事変が始まったんだ。

満州の主要地域を占領してしまうと，翌年の1932年には清の最後の皇帝だった溥儀を元首とする 満州国 の建国を宣言してしまうのよ。

POINT

満州国

ソ連

モンゴル
人民共和国　満州国

中華民国

日本

いやいや，それはずるない？　さすがに批判受けたやろ？

あぁ。国際連盟に満州から撤退するように勧告されたぞ。

撤退したんだよな？

いや，**1933年，国際連盟を脱退した**。

えぇ〜！

こうして日本は孤立していくの。

このころ，日本国内で，2度の軍部によるクーデターがおこったんだ。**犬養毅**首相が暗殺された 五・一五事件 と陸軍青年将校たちが東京の中心部を占拠した 二・二六事件 だ。その結果，**軍部の政治的な発言力が強くなっていった**。

なんか物騒な話になってきたぞ。

そして1937年，さらに勢力を伸ばそうとする日本と中国の間で**日中戦争**がおこったのよ。

ついに戦争が始まっちゃったんだね…。

✓ **戦時体制**…満州事変→日中戦争
✓ **軍部の台頭**…五・一五事件→二・二六事件
✓ **中国**…国民党と共産党が協力→抗日民族統一戦線

中国国内では，<ruby>蔣介石<rt>しょうかいせき</rt></ruby> 率いる**国民党**<rt>こくみんとう</rt>と <ruby>毛沢東<rt>もうたくとう</rt></ruby> 率いる **共産党**<rt>きょうさんとう</rt>が内部争いをしていたんだが，そんなことしてる場合じゃないってことで，手を組んで**抗日民族統一線**をつくって日本に抗戦した。しかし**日本軍は首都南京を占領し**，戦争は中国全土に広がっていった。

それで戦争はどっちが勝ったんだ？

戦争は長期化していったのよ。日本は1938年に<ruby>国家総動員法<rt>こっかそうどういんほう</rt></ruby>を制定し，国民や物資のすべてを最優先で戦争のために動員してもいいことになったの。

そんな横暴な…。

それによって，国民の生活も変化した。**米や生活必需品**<rt>ひつじゅひん</rt>**は配給制や切符制**<rt>きっぷ</rt>**になった**し，新聞やラジオも厳しく統制された。

政治の面では，すべての政党は解散して，1940年に**大政翼賛会**<rt>たいせいよくさんかい</rt>が結成されたの。こうして，生活も政治も戦争に向けて突っ走っていったのよ。

練 習 問 題

▶解答は P.175

1 次の問いに答えましょう。

(1) 満州事変のきっかけとなった，関東軍が南満州鉄道の線路を爆破した事件を何といいますか。

（　　　　　　　　　）

(2) 1932年，清の最後の皇帝だった溥儀を元首として建国が宣言された国を何といいますか。

（　　　　　　　　　）

(3) 1932年，海軍の青年将校たちが犬養毅首相を暗殺した事件を何といいますか。

（　　　　　　　　　）

(4) 1937年におこった，日本と中国の戦争を何といいますか。

（　　　　　　　　　）

(5) 1938年に制定された，労働力や物資を戦争のために最優先する法律を何といいますか。

（　　　　　　　　　）

ちょっとヨーロッパを見てみよう。1939年，**ドイツがポーランドに侵攻したことをきっかけに**，第二次世界大戦 がおこったの。

 日本が日中戦争をしている最中だな。

 そして翌年，日本・ドイツ・イタリアは**日独伊三国同盟**を結ぶ。これらの国を**枢軸国**という。それに対し，アメリカ・イギリス・フランス・ソ連などは**連合国**だ。第二次世界大戦は枢軸国と連合国との戦争だ。日本だけはソ連と1941年に中立条約を結んでたけどな。

 さすがに連合国は強いよね…。

 最初は，枢軸国がヨーロッパのほとんどを支配するほど優勢だったの。また，ドイツはユダヤ人を迫害し，アウシュビッツなどの強制収容所に送ったのよ。

 あれ？　ひょっとすると枢軸国が勝つん？

 さすがにそれは厳しいな。連合国が反撃を開始し，特にアメリカが参戦すると，ドイツは追い込まれていったんだ。

 まず**1943年にイタリアが降伏**したの。そして，**1945年5月にドイツが降伏**したのよ。

 日本はどうなったんだ？

 日本は日中戦争が終わらないまま，アメリカやイギリスと戦争をすることになるの。1941年12月8日，海軍が**アメリカの真珠湾を奇襲攻撃**するとともに，陸軍はイギリス領のマレー半島に上陸したことから，太平洋戦争 が始まったのよ。

 中国と戦争したまま，アメリカとかイギリスの相手もしなあかんとか，いくらなんでもこれは無理やろ…。

 石油やゴムなんかの資源を確保するために東南アジアを攻めて占領していくんだが，1942年6月のミッドウェー海戦でアメリカ軍に負けると，劣勢になっていったんだ。

 攻撃の勢いが止まっちゃったんだね。

 そうね。戦争が長期化すると，日本も総力戦体制で戦うの。文科系の大学生も軍隊に徴兵されたり（**学徒出陣**），都市部の小学生は農村に**疎開**したり…。

♡ **第二次世界大戦**…枢軸国(日本,ドイツ,イタリア)対連合国
♡ **太平洋戦争**…日本軍がハワイの真珠湾とマレー半島を攻撃して開始
♡ **終戦**…ポツダム宣言の受諾により日中戦争・太平洋戦争に敗戦

 そんな戦争ももうすぐ終わりを告げるぞ。1945年 3 月に**東京大空襲**がおこり,4 月には**アメリカ軍が沖縄に上陸**する。沖縄戦では,沖縄県民の約 4 分の 1 の12万人以上が犠牲になったんだ。

 そして,アメリカによって 8 月 6 日に**広島**,9 日に**長崎**へ 原子爆弾(原爆) が投下されたの。その間に**ソ連も参戦**してきたし,14日,ついに日本は ポツダム宣言 を受諾し,無条件降伏を決めて,15日には昭和天皇からラジオ放送で国民に伝えられたわ。

 そんな話を聞いてると,やっぱり平和がいいなぁ…。

練 習 問 題

▶解答は P.175

1 次の(　　　)にあてはまる語句を,下から選びましょう。

(1) 第二次世界大戦は,ドイツが(　　　　　　　　　)に侵攻したことによって始まりました。

(2) 1945年 8 月 6 日,(　　　　　　　　)に,8 月 9 日,(　　　　　　　　)に原子爆弾が投下されました。

〔 　オーストリア　　ポーランド　　広島　　長崎　 〕

2 次の問いに答えましょう。

(1) 1940年,日本がドイツ,イタリアと結んだ軍事同盟を何といいますか。
(　　　　　　　　　　　　)

(2) 太平洋戦争は,日本海軍がハワイの何という湾を攻撃したことなどによって始まりましたか。
(　　　　　　　　　　　　)

(3) 日本が 8 月14日に受諾し,無条件降伏することとなった,連合国による宣言を何といいますか。
(　　　　　　　　　　　　)

原爆投下の日付・場所は忘れるなよ。

▶解答は P.176

勉強した日　　月　　日	得点
	/100点

まとめのテスト

1 次の問いに答えましょう。　　　　　　　　　　　　　　　4点×5（20点）

(1)　右の図は，第一次世界大戦前のヨ
ーロッパの国際情勢を表したもので
す。図中の（　**A**　），（　**B**　）にあて
はまる組織名を答えなさい。

　　　　　　　　　　　　　　A (　　　　　　　　) **B** (　　　　　　　　)

(2)　第一次世界大戦のきっかけとなった事件について述べた次の文中の **X** ， **Y** に
あてはまる国を，それぞれ答えなさい。

> **X** の皇太子夫妻が， **Y** 人青年に暗殺されるという事件がおこった。

　　　　　　　　　　　　X (　　　　　　　　) **Y** (　　　　　　　　)

(3)　1915年，日本は中国におけるドイツの権利を日本にゆずることなどを，中国政府に要求しま
した。この要求を何といいますか。

　　　　　　　　　　　　　　　　　　　　　　　(　　　　　　　　　　　)

2 次の問いに答えましょう。　　　　　　　　　　　　　　　6点×6（36点）

(1)　1919年に結ばれた，第一次世界大戦の講和条約を何といいますか。

　　　　　　　　　　　　　　　　　　　　　　　(　　　　　　　　　　　)

(2)　次の文中の **X** ， **Y** にあてはまる語句を，それぞれ答えなさい。

> 第一次世界大戦後，アメリカの **X** 大統領の提案で，世界平和と国際協調のため
> の組織である **Y** がつくられた。

　　　　　　　　　　　　X (　　　　　　　　) **Y** (　　　　　　　　)

(3)　シベリア出兵をきっかけとしておこった，米の安売りを求めた騒動（そうどう）を何といいますか。

　　　　　　　　　　　　　　　　　　　　　　　(　　　　　　　　　　　)

(4)　日本では，1925年に普通選挙制が実現しました。このとき選挙権があたえられたのはどの
ような人たちですか。次の**ア〜エ**から選びなさい。

ア　満20歳（さい）以上の男女　　　**イ**　満25歳以上の男女

ウ　満20歳以上の男子　　　　　**エ**　満25歳以上の男子

　　　　　　　　　　　　　　　　　　　　　　　(　　　　　　　　　　　)

(5)　普通選挙法と同時に制定された，共産主義を厳しく取りしまる法律を何といいますか。

　　　　　　　　　　　　　　　　　　　　　　　(　　　　　　　　　　　)

3 次の問いに答えましょう。　　　　　　　　　　　　　　　3点×4(12点)

(1) 1929年におこった世界恐慌について述べた, 次の文中の $\boxed{X}$, $\boxed{Y}$ にあてはまる語句を, それぞれ答えなさい。

> 　恐慌を乗り切るため, アメリカでは政府が公共事業を積極的に行う $\boxed{X}$ 政策, イギリスやフランスなどでは $\boxed{Y}$ 政策が取られた。

　　　　　　　　　　　　　　　X (　　　　　　　　) Y (　　　　　　　)

(2) イタリアやドイツで台頭した, 軍国主義的な独裁政治を何といいますか。

　　　　　　　　　　　　　　　　　　　　　　　　　(　　　　　　　　　　)

(3) 世界恐慌がおこったとき, ソ連で行われていた経済政策を何といいますか。

　　　　　　　　　　　　　　　　　　　　　　　　　(　　　　　　　　　　)

4 次の問いに答えましょう。　　　　　　　　　　　　　　　4点×8(32点)

(1) 年表中の**A**は, 日本軍が鉄道の線路を爆破した事件をきっかけとしておこりました。**A**のできごとを何といいますか。

　　　　　　　　　　　　(　　　　　　　　)

(2) 年表中の**B**の事件で暗殺された首相はだれですか。

　　　　　　　　　　　　(　　　　　　　　)

年代	おもなできごと
1931	日本軍が満州を占領する……A
1932	五・一五事件がおこる………B
1933	$\boxed{X}$
1936	二・二六事件がおこる
1937	$\boxed{Y}$
1939	第二次世界大戦が始まる……C
1945	原子爆弾が投下される………D
	ポツダム宣言を受諾する

(3) 年表中の $\boxed{X}$, $\boxed{Y}$ にあてはまるできごとを, 次の**ア～エ**からそれぞれ選びなさい。

ア 中華民国が成立する　　　　**イ** 日中戦争が始まる
ウ 日本が国際連盟を脱退する　**エ** 関東大震災がおこる

　　　　　　　　　　　　　　　X (　　　) Y (　　　)

(4) 年表中の**C**の第二次世界大戦中に日本が軍事同盟を結んだ国を, 次の**ア～エ**から2つ選びなさい。

ア フランス　**イ** イギリス　**ウ** ドイツ　**エ** イタリア

　　　　　　　　　　　　　　　　　　(　　　) (　　　)

(5) 年表中の**D**の原子爆弾が投下された都市を, 投下された順に2つ答えなさい。

　　　　　　　　　　　　(　　　　　　　　) (　　　　　　　　)

戦後の世界と日本

第二次世界大戦に敗れた日本は、アメリカを主力とする連合国軍に占領されて民主化をすすめていくのよ

民主化？

主権が天皇から国民にうつって、国民が主役になったんだ

国民の意見が、政治などに反映されやすくなることだな

あと、女の人に選挙権があたえられたのも第二次世界大戦後だ

まぁ戦争も終わって、世界が平和になったってことやろ？

えーえやん えーえやん

そうでもないわ

え！！

なんやて！？

アメリカ合衆国

ソ連

アメリカを中心とする資本主義陣営とソ連を中心とする社会主義陣営の対立は続いたの

冷戦といって，実際にアメリカとソ連が直接戦うようなことはなかったけれど一触即発の緊張状態は続いたわ

……。

なんだか茉里，イライラしてない？

イライラ

あぁそれな

ヒュォォォォ

【今朝の回想】

あれ，ちょっと太った？

【回想終わり】

近よらんとこ…

今朝からずっとあの調子なんだ

触れたら巻き添えくうやつや

これが冷戦か…

なぁ茉里？

フーん

戦後の民主化

 太平洋戦争で敗戦した日本は，**アメリカ軍を主力とする連合国によって占領される**のよ。そして，**マッカーサー率いる連合国軍総司令部（ GHQ ）が東京 に置かれた**の。

 GHQ はどういう目的で置かれたんだ？

 そうだな。日本を非軍事化させるためと，軍国主義を民主化する戦後改革を行うためだ。

 GHQ が直接戦後改革を行ったの？

 いや，そうではなく，GHQ の指令に従って日本政府が政策を行う，間接統治方式をとったんだ。だから日本国民の反発も少なかった。

 ほんで，戦後改革って具体的に何をしたん？

 まず大事なのは，憲法改正ね。大日本帝国憲法から 日本国憲法 へと改正したの。日本国憲法では，**国民主権・平和主義・基本的人権の尊重を三大原則とした**のよ。

 今も使われている憲法だね。

 そしてGHQ から五大改革指令を受けた。１つ目は婦人の解放。これによって，**選挙権は満20歳以上のすべての男女にあたえられた**。

 おぉ，やっと女性にも選挙権がっ……！

 ２つ目は労働組合結成の助長ね。具体的には，労働者のための法律である**労働組合法，労働関係調整法，労働基準法の 労働三法 を制定した**の。その結果，労働組合が急増したり，労働争議がさかんに行われたりするようになったのよ。

 ３つ目は教育の自由主義化だ。**教育基本法と学校教育法が制定され，今と同じく義務教育は小・中の９年間となり**，六・三・三・四制の新学期がスタートしたんだ。

 そうか，高校は義務教育じゃないのか！　勉強になるな！

 今，そこ！?

 ４つ目は圧政的諸制度の撤廃。これは，治安維持法なんかの廃止だ。あと，**極東国際軍事裁判（東京裁判）**が行われ，いわゆる"A級戦犯"が裁かれた。

 天皇はどうなったの？

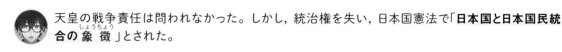

☑ **日本の占領**…連合国軍総司令部（GHQ）による
☑ **戦後改革**…憲法改正・五大改革指令など
☑ **日本国憲法の三大原則**…国民主権，平和主義，基本的人権の尊重

天皇の戦争責任は問われなかった。しかし，統治権を失い，日本国憲法で「**日本国と日本国民統合の象徴**（しょうちょう）」とされた。

５つ目は経済の民主化ね。**財閥が解体されて**（ざいばつ），**独占禁止法が制定された**（どくせんきんしほう）の。そして，**農地改革**が行われたのよ。

のうちかいかく？

政府が地主から強制的に農地を買って，小作人に安く売り渡した（こさくにん）んだ。小作人っていうのは，土地を持たず，地主から土地を借りて農業を行う人のことで，これで自作農の割合がぐっと増え，農村が民主化された。

なんかえらい急ピッチで改革が進むな。

このころ，中国では共産党が内戦に勝利していたことと，ソ連などの社会主義国が勢力を伸ばし始めていたから，アメリカは資本主義の仲間をつくろうとしていたみたいよ。

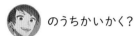

練 習 問 題

▶解答は P.176

1 次の問いに答えましょう。

(1) 日本を占領した連合国軍総司令部の略称（りゃくしょう）を何といいますか。

（　　　　　　　　　）

(2) (1)の最高司令官はだれですか。

（　　　　　　　　　）

(3) 戦後改革のうち，地主から買った土地を小作人に安く売り渡すことによって自作農を生み出した改革を何といいますか。

（　　　　　　　　　）

(4) 戦後改革で，日本の経済を支配してきた独占的企業（どくせんてきぎぎょう）集団が解体されました。この集団を何といいますか。

（　　　　　　　　　）

(5) 戦後，民主主義の教育の基本を示すためにつくられた法律を何といいますか。

（　　　　　　　　　）

東西冷戦の開始と日本

 それじゃあ世界にも目を向けてみよう。

 おう！　日本の歴史と色々つながってるんだもんな。

 ２度もおこった世界大戦への反省から，**ニューヨーク**で 国際連合 が発足したのよ。

 国際連盟とはどう違うの？

 前回の反省をふまえて，まず**全会一致ではなく，多数決でも議決できる**ことになった。そして，国際連盟では何か問題のある国に対して経済制裁しかできなかったが，国際連合では**国連軍による武力制裁も可能**になったんだ。あ，もちろんアメリカも加盟したぞ。

 国際連合では，世界の平和と安全を維持する目的で， 安全保障理事会 という機関が設けられたの。この機関には**常任理事国**っていうのがあって，常任理事国に選ばれた**五大国には拒否権が認められている**の。

 五大国ってゴ●ンジャー的なやつか？　「拒否拳」って？　技？

 アメリカ，イギリス，フランス，中国（当時は**中華民国**），**ソ連**（今はロシア）を五大国とよぶ。安全保障理事会での議決に対して拒否する権利だな。**一国でも反対すると議決できない**んだ。

 これでようやく世界が平和になるんだね。良かった良かった。

 いいえ。このころから，ソ連とアメリカの 冷たい戦争（冷戦） が始まるの。簡単にいうと，実際に戦うわけではない，にらみ合うだけの争いね。

 ヤンキーどうしがメンチ切ってる感じか？

 近いっちゃ近い……か？　ちょっと六花ちゃん，さっきから微妙な例えするのやめてちょうだい。

 ソ連を中心とする社会主義国（東側陣営）と，アメリカを中心とする資本主義国（西側陣営）の争いよ。

 でも，実際に戦争したわけじゃないし，そんなに影響は……。

 そんなことないぞ。ドイツは東が社会主義，西が資本主義で分断されたり，朝鮮半島は北が社会主義の北朝鮮，南が資本主義の韓国に分断されたりと，この争いは世界的に広がっていったんだ。

| 最重要まとめ |

♢ **国際連合**…世界の平和と安全を維持する安全保障理事会を設置
♢ **外交関係**…サンフランシスコ平和条約, 日ソ共同宣言, 日韓基本条約, 日中共同声明, 日中平和友好条約など

 日本はアメリカ軍を中心とするGHQの占領下にあったから, 資本主義国側だね。

 そういえば, 日本はいつまで占領されていたの?

 1951年に サンフランシスコ平和条約 で, 48カ国の代表と調印して, 翌年, 独立を回復したんだ。このときに調印したのは, おもに西側陣営の国だ。

 サンフランシスコ平和条約と同じ日に, アメリカと 日米安全保障条約 を結んだのよ。これで, アメリカに守ってもらう代わりに, 米軍の駐留を認めたの。

 独立を回復した日本は, 東側陣営の国や, アジアの国との外交を進めていくんだ。
1956年, 日ソ共同宣言でソ連と国交を回復。1965年に**日韓基本条約**で韓国と国交を回復。1972年に**日中共同声明**で中国と国交を正常化し, 1978年に**日中平和友好条約**を結んだ。あと, 独立後もアメリカの統治下に置かれた**沖縄が返還されたのは1972年**だ。

 ええ! 沖縄は戦争が終わって27年間もアメリカの統治下にあったのか!

練 習 問 題

▶解答は P.177

1 次の(　　　)にあてはまる語句を, 下から選びましょう。

(1) 1945年に発足した国際連合の安全保障理事会の常任理事国は, アメリカ, イギリス, フランス, ソ連(現ロシア), (　　　　　　　　)の5か国です。

(2) 1951年, 日本は(　　　　　　　　　　　)を結び, 独立を回復しました。同時にアメリカと(　　　　　　　　　　)を結びました。

(3) 冷戦の影響を受け, 朝鮮半島は北が社会主義の(　　　　　　　　), 南が資本主義の(　　　　　　　　)に分けられました。

〔 中国　ドイツ　韓国　北朝鮮　日米安全保障条約　サンフランシスコ平和条約 〕

高度経済成長

 第二次世界大戦が終わると，日本の植民地だった朝鮮は北緯38度線を境に，南をアメリカ，北をソ連に占領される。こうして，**南に資本主義の大韓民国（韓国），北に社会主義の朝鮮民主主義人民共和国（北朝鮮）が成立**したんだ。

 それで朝鮮半島は南北に分かれたんだな。

 1950年に北朝鮮が韓国に侵攻して，朝鮮戦争がおこるの。この戦争では，日本の本土や沖縄のアメリカ軍基地が使われたの。近いからね。在日アメリカ軍が朝鮮戦争に出兵すると，GHQの指令で警察予備隊がつくられたの。それが保安隊となって，1954年に自衛隊になったのよ。防衛庁（今の防衛省）が管轄したわ。

 それ以外にも，朝鮮戦争は日本に何か影響があったの？

 戦争で必要になった大量の物資が日本に発注されたことから，日本は好景気になったんだ。これを**特需景気（朝鮮特需）**という。これで日本の復興が早まった。1950年代半ばまでに，日本の経済の水準は戦前の水準をほぼ回復したんだ。

 さらに日本は政府による経済優先の政策が行われ，高度経済成長を迎えるの。

 高度経済成長？

 そうだな。1955年から1973年までの間，**日本の経済成長率は年平均10％程度**が続いた。1968年には，国民総生産（GNP）は資本主義国の中でアメリカに次いで２位になった。今は中国に抜かれたけどな。

 おぉ！　すごいやん！　国民の所得が増えたってことやんな？

 そうだな。1950年代後半には**白黒テレビ，電気洗濯機，電気冷蔵庫**が**三種の神器**とよばれて普及し，1960年代後半には**カー（自動車），クーラー，カラーテレビ**が**3C（新三種の神器）**とよばれて普及した。新幹線とか高速道路も開通し，1964年には**東京オリンピック**も開かれた。

 でも，いいことばかりではないのよ。高度経済成長でみんなが都市部に集まるようになって，農村なんかで**過疎問題**がおこるの。都市部も**過密問題**がおきて，交通渋滞とか住宅問題が発生するのよ。

POINT

四大公害病

四大公害病	発生地域
水俣病	熊本県水俣市周辺
新潟水俣病	新潟県阿賀野川流域
イタイイタイ病	富山県神通川流域
四日市ぜんそく	三重県四日市市

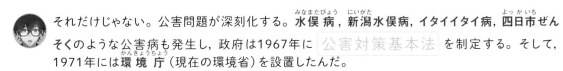

┃最重要まとめ┃

♡ **高度経済成長**…三種の神器とよばれる電化製品（白黒テレビ，電気洗濯機，電気冷蔵庫）や3C（カー，クーラー，カラーテレビ）の普及

♡ **四大公害病**…水俣病，新潟水俣病，イタイイタイ病，四日市ぜんそく

 それだけじゃない。公害問題が深刻化する。**水俣病，新潟水俣病，イタイイタイ病，四日市ぜん**そくのような公害病も発生し，政府は1967年に 公害対策基本法 を制定する。そして，1971年には**環境庁**（現在の環境省）を設置したんだ。

 それで，高度経済成長はどうして終わっちゃったの？

 1973年，第四次**中東戦争**をきっかけに，アラブ諸国の**石油価格が大幅に上昇する石油危機（オイル・ショック）**がおきたの。先進国は不況になり，日本でも高度経済成長が終わったのよ。

 また日本も不況になってしまうのか……。

 そんなに悲観することはないぞ。日本はこのピンチをいち早く乗り越え，安定成長期に入ったんだ。その結果，自動車とか電気機械，IC（半導体）などの工業がさかんになった。そして，世界から経済大国として認められていったんだ。

練 習 問 題

▶解答は P.177

1 次の（　　　）にあてはまる語句を，下から選びましょう。

(1) 1950年代には，白黒テレビ，電気洗濯機，電気冷蔵庫の（　　　　　　　　　）が，1960年代には，カー（自動車），クーラー，カラーテレビの（　　　　　　　　　）が普及しました。

(2) 熊本県水俣市周辺でおこった四大公害病は（　　　　　　　　　）です。

〔　三種の神器　　3C　　水俣病　　イタイイタイ病　　四日市ぜんそく　〕

2 次の問いに答えましょう。

(1) 日本経済は1955年から1973年までの間，年平均10％程度の高成長を続けました。これを何といいますか。

（　　　　　　　　　　　　　）

(2) 第四次中東戦争をきっかけに石油価格が大幅に上昇したできごとを，カタカナで何といいますか。

（　　　　　　　　　　　　　）

(3) 公害問題に対応するために，1967年に制定された法律を何といいますか。

（　　　　　　　　　　　　　）

現代の世界

 じゃあまた世界を見てみましょう。

 えっと，冷戦がおこっていたんだよね？

 そうだ。そして，その冷戦がようやく終わりを迎える。**東ヨーロッパ諸国では民主化の動きが強まり，社会主義政権が倒されていったんだ。**

 ドイツは東西に分割されたって話をしたよね。東ドイツにあったベルリンも同じように東側陣営の東ベルリンと西側陣営の西ベルリンに分割されていたの。でも，東ベルリンから西ベルリンへの人口流出が問題になって，西ベルリンを壁で囲んでしまったのよ。

 えぇ！　移動できへんってこと？

 そうだな。これは　ベルリンの壁　とよばれ，**東西冷戦の象徴**だったんだ。1989年，このベルリンの壁がこわされた。そして翌年，**東西ドイツが統一**した。

 おぉ，これで冷戦が終わったのか？

 冷戦の終わりは，ベルリンの壁が崩壊したのと同じ1989年だ。**アメリカのブッシュ大統領とソ連のゴルバチョフ共産党書記長が，地中海のマルタ島で会談し，冷戦の終結を宣言した。** この会談を　マルタ会談　というぞ。ちなみに，このブッシュの息子も2001年にアメリカ大統領になるぞ。

 でも，今はソ連ってないよね？　ソ連はどこでなくなったの？

 ソ連は冷戦の終結前から経済が行き詰まっていて，ゴルバチョフ政権は**ペレストロイカ（改革）**を進めていたんだけど，失敗に終わるの。そして，冷戦終結後の1991年にバルト三国（エストニア・ラトビア・リトアニア）がソ連から分離・独立し，ソ連は解体されたのよ。

 ちなみに，ヨーロッパでは，1993年に**ヨーロッパ共同体（EC）**が　ヨーロッパ連合（EU）　に発展した。EUは共通通貨の**ユーロ**を導入して，経済的・政治的な統合を進めたぞ。

 そうか。これでようやく平和な世の中が訪れたってことやなぁ。

POINT

世界各地の紛争

ボスニア・ヘルツェゴビナ内戦
コソボ紛争
イラク戦争
アフガニスタン内戦
カシミール紛争
湾岸戦争
ベトナム戦争
スリランカ内戦
ソマリア内戦
ルワンダ内戦
ダルフール紛争
北アイルランド紛争
アメリカ同時多発テロ事件

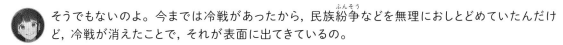

☑ **冷戦の終結**…ベルリンの壁の崩壊→マルタ会談→冷戦の終結を宣言→東西ドイツ
　　の統一→ソ連の解体

☑ **ヨーロッパ**…ヨーロッパ共同体（EC）→ヨーロッパ連合（EU）

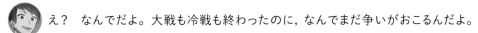

そうでもないのよ。今までは冷戦があったから，民族紛争（ふんそう）などを無理におしとどめていたんだけど，冷戦が消えたことで，それが表面に出てきているの。

え？　なんでだよ。大戦も冷戦も終わったのに，なんでまだ争いがおこるんだよ。

島国の日本人からしたらわかりづらいかもしれないが，民族や宗教（しゅうきょう），文化などの違いから**地域紛争**がおこってしまうんだ。

そうか，今まで日本のことばっかりで，世界のことなんか関係ないと思ったけど，日本と世界はつながってるもんな。世界に目を向けるっていうのも大事なことやねんな。

社会を学ぶっていうのは，そういうことを知ることにつながるのよ。英数国と違って副教科扱（あつか）いかもしれないけど，これから生きていく上ではとても大事な科目なの。

正直，社会をなめてたな。

練 習 問 題

▶解答は P.177

1 次の（　　　）にあてはまる語句を，下から選びましょう。

(1) 1989年，アメリカとソ連の首脳が（　　　　　　　　）で会談し，冷戦の終結が宣言され，翌年には，東西（　　　　　　　　）が統一されました。

(2) ソ連では，（　　　　　　　　）政権が改革を進めましたが，失敗に終わりました。

(3) ヨーロッパでは，1993年に（　　　　　　　　）が発足（ほっそく）しました。

〔　マルタ島　　バルト三国　　ブッシュ　　ゴルバチョフ　　EU　　EC　　ドイツ　　朝鮮（ちょうせん）　〕

2 次の問いに答えましょう。

(1) 1989年，冷戦の象徴であったある壁がこわされました。この壁を何といいますか。

（　　　　　　　　　　　　　）

(2) ソ連でゴルバチョフによって行われた改革を何といいますか。

（　　　　　　　　　　　　　）

現代の日本

 それじゃあ現代の日本について勉強していきましょう。

 現代ということは……？

 そう。今この時代だ。厳密にいうと，俺たちが生まれる少し前からの話になるんだけどな。今までの歴史の流れもふまえて，現代の日本の状況を見ていこう。

 まず世界との関わりから見ていこっか。世界で紛争が続く中，日本では**自衛隊の海外派遣を認める国際平和（PKO）協力法が成立**。1992年，日本は カンボジア に自衛隊を派遣したんだよ。今後も有事には派遣されるだろうね。

 紛争を解決するためなんだね。

 政治では，**1955年から自由民主党（自民党）の長期政権が続いていたんだ。これを 55年体制 という。でも，1993年に非自民8党派の連立内閣が成立して，55年体制が終了した。2009年には民主党を第一党とする連立内閣も成立したぞ。**

 え，じゃあ今は？

 今はまた自民党と公明党の連立政権だな。どのように変わっていくかは，俺たちがどう考えて投票するかにも関わるからな。

 次は経済を見てみるよ。高度経済成長が終わって，日本は安定成長へと変わっていったんだけど，1980年代後半に， バブル経済 が発生したの。

 バブルって泡だよね？

 バブル経済っていうのは，株や土地の値段が適正な価格から異常に高くなる経済なの。中身のない泡がふくらんではじける様子に例えてそうよばれるのよ。

 ええ，はじけるんか！？

 1991年にバブル経済は崩壊したぞ。そこから長期にわたる平成不況が続いた。さらに，2008年にアメリカでおこった**世界金融危機（リーマンショック）**の影響も受けて，なかなか景気はよくならないな。そこに今回のコロナショックだ…。

 また，日本では，1995年に 阪神・淡路大震災 が，2011年に 東日本大震災 がおきたよね。それだけでなく，毎年のように自然災害がおこっているわ。こういう自然災害に対してどのように取り組んでいくのかも日本の課題ね。

♡ **経済**…バブル経済の崩壊→平成不況, 世界金融危機
♡ **日本の政治**…55年体制の終了, 連立政権の時代
♡ **日本の災害**…1995年阪神・淡路大震災, 2011年東日本大震災

 あとは地球環境問題だな。1997年に**地球温暖化防止 京都会議**が行われた。そこで, 先進工業国の温室効果ガスの削減目標などを定めた 京都議定書 が採択されたんだ。

 なんか, ニュースとかで聞いたことある言葉がいっぱい出てきたな。意味は全然わからんかったけど, 今聞いたら, ちょっとずつやけど, つながってきたわ！

 コロナをはじめ, 今, 俺たちが経験していることが, ずっと先の未来では「歴史」として勉強することになるかもしれない。この先もずっとつながっていくんだ。

練 習 問 題

▶解答は P.177

1 次の（　　）にあてはまる語句を, 下から選びましょう。

(1) 1992年, 日本は国連のPKOとして（　　　　　　　）に初めて自衛隊を派遣しました。

(2) 日本では, 1995年に（　　　　　　）, 2011年には（　　　　　　）がおこりました。

〔 モザンビーク　カンボジア　東日本大震災　阪神・淡路大震災 〕

2 次の問いに答えましょう。

(1) 株式と土地の価格が異常に高くなった好景気が1991年に崩壊しました。この経済を何といいますか。

（　　　　　　　）

(2) 1993年, 非自民の連立内閣が成立したことにより, 終了した政治体制を何体制といいますか。

（　　　　　　　）

(3) 1997年に開催された地球温暖化防止京都会議で採択された, 温室効果ガスの排出量を減らす目標などを定めたものを何といいますか。

（　　　　　　　）

最近のできごとも, いずれは「歴史上のできごと」になるんだね。

▶解答は P.178

勉強した日	月	日		得点

まとめのテスト

/100点

---

1 次の問いに答えましょう。　　　　　　　　　　　　　　　5点×7(35点)

(1) 第二次世界大戦後, 連合国軍総司令部(GHQ)によって日本の民主化が進められました。GHQの最高司令官はだれですか。

（　　　　　　　　　）

(2) 第二次世界大戦後, 経済の民主化をめざし, 戦争への協力勢力とみなされた三井, 三菱などの大資本家は解体が命じられました。これらの大資本家を何といいますか。

（　　　　　　　　　）

(3) 次の文章が述べている戦後改革を何といいますか。

> 農村の民主化をめざし, 政府が地主から土地を買って, 小作人に安く売り渡した。その結果, 小作人の割合が減少し, これで自作農の割合が増加した。

（　　　　　　　　　）

(4) 憲法について, 各問いに答えなさい。
① 大日本帝国憲法に代わり, 1946年11月3日に公布された憲法を何といいますか。

（　　　　　　　　　）

② ①の憲法の三大原則を答えなさい。

（　　　　　）（　　　　　　　）（　　　　　　　）

2 次の問いに答えましょう。　　　　　　　　　　　　　　　5点×3(15点)

(1) 1951年, 日本は48か国の代表と調印して独立を回復しました。この条約を何といいますか。

（　　　　　　　　　）

(2) (1)の条約と同じ年に, 日本とアメリカの間で結ばれた, 米軍の日本駐留を認める条約を何といいますか。

（　　　　　　　　　）

(3) 1956年に日本とソ連が国交を回復した宣言を何といいますか。

（　　　　　　　　　）

3 次の問いに答えましょう。　　　　　　　　　　　　　　　　　5点×5(25点)

(1) 年表中の　**A**　について, 各問い
に答えなさい。

年代	おもなできごと
1945	**A** が発足する
1949	**B** が建国される
1955	アジア・アフリカ会議が開催される
1993	ヨーロッパ連合が発足する………C

① 　**A**　にあてはまる, 平和を維
持するための国際機関の名前を答
えなさい。

（　　　　　　　　）

② ①の国際機関に, 世界の平和と安全を維持する目的で設けられている機関を何といい
ますか。

（　　　　　　　　）

③ ②の機関の常任理事国として誤っているものを, 次の**ア〜エ**から選びなさい。
ア アメリカ　　**イ** フランス　　**ウ** イギリス　　**エ** ドイツ

（　　　　　　　　）

(2) 年表中の　**B**　にあてはまる, 毛沢東を主席とする国はどこですか。正式名称で答えな
さい。

（　　　　　　　　）

(3) 年表中の**C**について, ヨーロッパ連合の略称をアルファベットで答えなさい。

（　　　　　　　　）

4 次の問いに答えましょう。　　　　　　　　　　　　　　　　　5点×5(25点)

(1) 日本では, 1950年代後半から20年近くにわたって急速な経済の成長をとげました。これ
を何といいますか。　　　　　　　　　　　　　　　　（　　　　　　　　）

(2) (1)の好景気の背景となった, 1950年に朝鮮半島で始まった戦争を何といいますか。

（　　　　　　　　）

(3) 第四次中東戦争を背景に, 1973年におきた世界経済の混乱を何といいますか。

（　　　　　　　　）

(4) 四大公害病について, ①水俣病, ②イタイイタイ
病がおこった地域を, 右の**地図**中の**ア〜エ**からそれ
ぞれ選びなさい。

①（　　　）②（　　　）

地図

09

日本の文化

Theme | **44** ››› **48**

つらいことが
たくさんあったが…
でも楽しかったよ

みんながいたから
この勉強は楽しかった

おい
勝手に終わるな

あれ？
でも現代まで
勉強終わった
よね？

いいえ
文化がまだよ

文化かぁ〜。
あれ，ちょこちょこ
出てくるやろ

何がどの
時代やったか，
イマイチ覚え
きられへんねん

そんなお前たちのために
文化は最後にまとめてやるから，
きちんと覚えろ！

さすが基！
おれたちにできない事を
平然とやってのけるッ！

それぞれの時代の文化は，そのとき，勢いのあった人たちがつくっていくんだ

例えば平安時代は貴族の文化だな

そうか。じゃあ鎌倉時代は武士の文化だね！

江戸時代には，町人たちの文化が発達するのよ

ウチらが生きてるこの時代にも文化ってあんの？

ほいっ‼

もちろん！俺たちが見てるマンガやゲームも立派な文化

おぉ‼

さぁ文化を一気にまとめるぞ！

よっしゃあ！

やろう！

イケる気がするで！

やれやれだぜ

わーわー

| 勉強した日 | 月 | 日 |

古代の文化

 さぁ，ここからは文化をまとめて勉強していくぞ。まずは古代とよばれる，古墳時代から平安時代までを見ていこう。

 えっと，文化はその時々に勢いのあった人たちがつくっていくんだったよな？

 そうよ。じゃあ古墳時代の中心となったのは，どんな人たちだった？

 古墳をつくらせた大王（天皇）かな？

 その通り！　まず文化としては**前方後円墳**などの古墳。そして古墳に並べられた 埴輪 や，一緒に埋葬された副葬品だな。

 おぉ，なんかわかりやすい！

 次は飛鳥時代ね。「古墳時代末期」の別名だけど，飛鳥時代といえば？

 聖徳太子！

 おぉやるじゃないか。聖徳太子は仏教を盛り立てたから，**仏教文化が栄えた**んだ。これを飛鳥文化という。現存する世界最古の木造建築の 法隆寺 とか，法隆寺の**釈迦三尊像**だな。

 次は奈良時代だよね？　奈良時代は…。

 奈良時代には 天平文化 が栄えたのよ。中心となったのは**聖武天皇**ね。天平文化は，**遣唐使からもたらされた唐の文化や仏教の影響を受けた，国際的な文化**だったのよ。

 聖武天皇と光明皇后は仏教を熱心に信仰していたことから，**仏教の力で国を守るために，国ごとに国分寺・国分尼寺**，そして，**平城京 のそばに建てた東大寺には大仏**をつくったんだ。あと，正しい仏教の教えを伝えるために中国から 鑑真 が来日し，彼のために**唐招提寺**を建てた。

 大仏は知ってる！　遠足で行ったことあるで！

 東大寺にある**正倉院宝物**の中には，シルクロードを通って西アジアやインドから唐にもたらされて，それを遣唐使が持ち帰ったと考えられているものもたくさんあるのよ。

 奈良時代の文学作品としては，歴史書の『**古事記**』と『**日本書紀**』，それに日本最古の和歌集の『 万葉集 』までおさえておけばいいな。

 奈良時代の次は平安時代か。**平安時代の中心は藤原道長・頼通**父子みたいな貴族だったね。

▲埴輪

♡ 飛鳥文化…飛鳥時代。法隆寺，釈迦三尊像
♡ 天平文化…奈良時代。『古事記』『日本書紀』『万葉集』
♡ 国風文化…平安時代。『源氏物語』『枕草子』『古今和歌集』

 うん。平安時代には遣唐使が停止され，**日本独自の文化が生まれた**のよ。これを 国風文化 というの。

 国風文化では，貴族は寝殿造の邸宅に住んで，大和絵が発達した。そして大事なのは，かな文字がつくられ，発達したことだ。

 かな文字ってひらがなとかカタカナやんな？

 そうだ。それまではすべて漢字で書かれていた。

 えぇ！　マジか！　かな文字がつくられて助かったぜ…。

▲寝殿造

 平安時代の文学は，清少納言の『枕草子』，紫式部の『源氏物語』ね。あとは和歌集として『古今和歌集』もおさえておこうね。

 さらに，浄土信仰が流行して，藤原頼通が京都の宇治に平等院鳳凰堂を建てたんだ。

練習問題

▶解答は P.178

1 次の（　　　）にあてはまる語句を，下から選びましょう。

(1) ヤマト政権のころ，（　　　　　　　）や副葬品が古墳に並べられました。

(2) 聖武天皇のころの文化を（　　　　　　　）といい，最古の歴史書の
『（　　　　　　　）』や日本最古の和歌集である『（　　　　　　　）』などがつくられました。

(3) 平安時代に発達した文化を（　　　　　　　）といい，清少納言は
『（　　　　　　　）』を，紫式部は『（　　　　　　　）』を著しました。

〔　埴輪　　土偶　　国風文化　　天平文化　　古事記　　古今和歌集　　万葉集
枕草子　　源氏物語　〕

中世の文化

次は中世の文化を見ていこっか。中世はほぼ鎌倉時代と室町時代ね。まず，鎌倉時代は平安時代と比べて，どう変化したかな？

鎌倉時代といえば幕府…。そうか，武士が中心になったぞ！

そうだな。鎌倉時代の文化を**鎌倉文化**といって，**京都で発達した公家の文化**に加え，**武士の素朴で力強い文化**もおこったんだ。

力強いってどんな感じ？

そうだな。じゃあ東大寺の金剛力士像を思い浮かべてみよう。

おぉ，筋肉ムキムキのやつらか！　あれは確かに力強いな。

運慶・快慶らがつくった**金剛力士像**や，それが置かれている 東大寺南大門 が鎌倉文化の代表作ね。

文学もおさえないとね。

▲金剛力士像

武士の戦いを描いた**軍記物語**の『 平家物語 』が，**琵琶法師**によって**語り伝えられた**よ。和歌集では『 新古今和歌集 』がつくられたね。

また和歌集？　ちょっとややこしいな。

奈良時代が『**万葉集**』，**平安時代**が『**古今和歌集**』，**鎌倉時代**が『**新古今和歌集**』だ。整理すると簡単だぞ。

新しい方が『"新"古今和歌集』か。なるほど。

あとは随筆で**鴨長明**の『 方丈記 』，**兼好法師**の『 徒然草 』だな。

さらに，**平安時代末期から鎌倉時代にかけて，新しい仏教がおこった**の。これらは，念仏「南無阿弥陀仏」や題目「南無妙法蓮華経」を唱えるだけとか，座禅（坐禅）をすればいいとか，**わかりやすくて実行しやすかったから，民衆**にも広く**普及**したの。

今までの仏教は，山奥で修行しないといけないとか，大変だったからな。**法然**の 浄土宗 ，**親鸞**の 浄土真宗 ，**一遍の時宗**，**日蓮**の 日蓮宗 ，最後に**禅宗**である**栄西**の**臨済宗**，**道元**の 曹洞宗 だ。

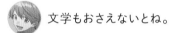

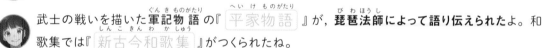

❖ POINT

鎌倉時代の新しい仏教

法然→浄土宗	親鸞→浄土真宗
一遍→時宗	日蓮→日蓮宗
栄西→臨済宗	道元→曹洞宗

✓ **鎌倉文化**…『徒然草』『方丈記』『平家物語』，東大寺南大門の金剛力士像など
　　　　鎌倉新仏教の6宗派

✓ **室町文化**…金閣，銀閣，書院造，能・狂言，水墨画など

 次は室町時代だね。

 室町時代の文化は大きく4つに分かれているんだが，中でも足利義満のときの**北山文化**と足利義政のときの**東山文化**を覚えておこう。

 足利義満といえば，室町幕府の3代将軍だね。南北朝を統一した人だ。

 そうね，室町幕府の最盛期。だから 金閣 が建てられたの。そして，このころ，義満に保護された**観阿弥・世阿弥**父子が能（能楽）を大成させたの。能の合間には**狂言**も演じられるようになったのよ。

 足利義政っていうたらあれか，応仁の乱のきっかけになった人！

 六花，よく覚えてたな。室町幕府の8代将軍で，銀閣 を建てた。しかし，このころには財政が悪化していたからか，銀閣は銀色ではない！

 えぇ！　銀閣やのに!?

 現在の和室のもとになった 書院造 が取り入れられたわ。また，雪舟 が日本の**水墨画**を完成させたの。また，茶の湯や生け花，連歌や御伽草子も各地に広がったのよ。

▲書院造

練　習　問　題

▶解答は P.179

1 次の問いに答えましょう。

(1) 鎌倉時代前期に，運慶・快慶らによってつくられ，東大寺南大門に置かれている彫刻を何といいますか。

（　　　　　　　　）

(2) 鎌倉時代末期に兼好法師によって書かれた随筆を何といいますか。

（　　　　　　　　）

(3) 室町時代後期に取り入れられた，現在の和室のもとになった建築様式を何といいますか。

（　　　　　　　　）

(4) 室町時代後期に日本の水墨画を完成させた人物はだれですか。

（　　　　　　　　）

近世の文化

さぁ，次は近世だ。安土桃山時代から江戸時代の文化を勉強するぞ。安土桃山時代の文化を**桃山文化**というんだが，この時代に中心になったのはだれだ？

もちろん織田信長や！　あと豊臣秀吉！

その通りよ。**桃山文化は豪華で壮大な文化**なの。そして，この時代の重要なポイントはお城ね。

城？

うん。安土城や大坂城，姫路城などには豪華な**天守**がつくられたのよ。また，の『唐獅子図屏風』みたいに，ふすまや屏風にはなやかな**障壁画**が描かれたの。

▲姫路城

それ以外にも，が茶道を大成した。また，**出雲の阿国**がかぶき踊りを始めた。あと，このころ，ヨーロッパから文化が入ってくるようになった。これを**南蛮文化**というんだ。パンやカステラが日本にもたらされた。

▲唐獅子図屏風

そうか。ポルトガルやスペインから，鉄砲やキリスト教が伝わったんだったね。

江戸時代の文化で覚えてほしいのは2つ。1つ目は**5代将軍徳川綱吉の時代前後に栄えた**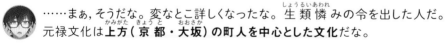だ。

綱吉っていったら，犬好きの人か！

……まぁ，そうだな。変なとこ詳しくなったな。生類憐みの令を出した人だ。**元禄文化は上方(京都・大坂)の町人を中心とした文化**だな。

井原西鶴が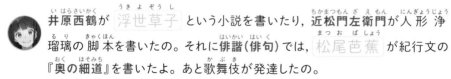という小説を書いたり，**近松門左衛門**が人形浄瑠璃の脚本を書いたの。それに**俳諧(俳句)**では，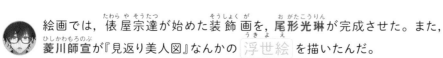が紀行文の『奥の細道』を書いたよ。あと歌舞伎が発達したの。

絵画では，俵屋宗達が始めた装飾画を，尾形光琳が完成させた。また，菱川師宣が『見返り美人図』なんかのを描いたんだ。

▲見返り美人図

よっしゃ美人！　……なのか？　　まぁこの時代の美人だよ。

♡ **桃山文化**…城（天守閣），障壁画の狩野永徳，茶の湯の千利休
♡ **元禄文化**…井原西鶴，近松門左衛門，松尾芭蕉
♡ **化政文化**…喜多川歌麿，東洲斎写楽，葛飾北斎，歌川広重

江戸時代の文化，２つ目は**11代将軍徳川家斉の時代前後に栄えた** 化政文化 よ。

家斉って，あのやる気ない人か。

このころは幕府の衰退が激しく，経済的にも苦しかったから，皮肉やこっけいによる風刺や批判が流行ったのね。

こっけい本として，十返舎一九 の『東海道中膝栗毛』とか，読本で 滝沢馬琴 の『南総里見八犬伝』が有名だな。

俳諧では，与謝蕪村や小林一茶が出てきたのよ。それ以外にも皮肉をうたった川柳や狂歌が流行したの。

絵画では，喜多川歌麿や東洲斎写楽の人物画，葛飾北斎 の『富嶽三十六景』や 歌川広重 の『東海道五十三次』などの風景画をはじめとする多色刷りの浮世絵（錦絵）が流行ったぞ。

最後に，本居宣長が『古事記伝』で 国学 を大成したことと，杉田玄白・前野良沢らが『解体新書』を出版して，蘭学 の基礎を築いたこともおさえておいてね。

練 習 問 題

▶解答は P.179

1 次の問いに答えましょう。

(1) 安土桃山時代に，茶道を大成した人物はだれですか。

（　　　　　　　　　）

(2) 17世紀初めにかぶき踊りを始めた人物はだれですか。

（　　　　　　　　　）

(3) 江戸幕府５代将軍徳川綱吉の時代前後に栄えた，上方の町人を中心とした文化を何といいますか。

（　　　　　　　　　）

(4) 江戸幕府11代将軍徳川家斉の時代前後に栄えた，江戸の町人を中心とした文化を何といいますか。

（　　　　　　　　　）

近代の文化

 それじゃあ，次は近代の文化を見ていこっか。

 近代って，どこからどこまでをさすんだ？

 幕末・明治時代から昭和時代の第二次世界大戦までをいうの。明治時代には**文明開化**といって，都市部では**洋風の生活様式が広まった**のよ。福沢諭吉が『**学問のすゝめ**』を書いて文明開化をけん引したの。

 福沢諭吉って今の一万円札の人だ！　それで洋風の生活様式って？

 れんが造りの建物がつくられるようになったり，馬車が走るようになったり，ランプやガス灯がつけられたんだ。洋服を着たり，牛肉を食べたりするようになったのもこのころからだな。

 だいぶ欧米にかぶれとるなぁ。

 そうなんだ。日本の美術は明治維新の時期にいったん否定されてしまう。それを復興させたのがフェノロサと岡倉天心だ。

 明治時代の美術なら，日本画の狩野芳崖や**横山大観**，彫刻の高村光雲，洋画の**黒田清輝**はおさえておきたいところね。

 次は文学だな。これまでは，話し言葉（口語）と書き言葉（文語）が使い分けられていたんだが，口語で表現されるようになった。**二葉亭四迷**が『**浮雲**』で使用したのがきっかけだ。

▲老猿（高村光雲）

 ふたばていしめい？　変な名前だな。

 これは，「くたばってしま（め）え！」からきているらしいね。

 このころの文学は，ありのままを写実的に表現しようとする写実主義がはやっていた。その中で，個人の感情を重視したロマン主義が広がる。森鷗外の『**舞姫**』や樋口一葉の『**たけくらべ**』，**与謝野晶子**の歌集『**みだれ髪**』なんかが有名だ。

 樋口一葉って今の五千円札の人だよね？　この時代の作家さんだったのか。

 このあと，人間の内面を直視する自然主義が主流となる一方，反自然主義の夏目漱石や森鷗外が有名になるんだ。

 夏目漱石って聞いたことあるぞ。えっと，わが…わがはいは……

♡ **絵画**…日本画の横山大観, 洋画の黒田清輝
♡ **文学**…『舞姫』の森鷗外,『吾輩は猫である』の夏目漱石
♡ **科学**…ペスト菌の発見の北里柴三郎, 黄熱病の研究の野口英世

我が輩は悪魔である！　フハハハハハッ！

ややこしくなるから, 閣下は黙ってて。夏目漱石は『吾輩は猫である』の作者だな。

あと, 明治時代には科学も発達した。北里柴三郎がペスト菌, 志賀潔が赤痢菌を発見した。
また, 大正時代には野口英世が黄熱病の研究で有名だな。旧・現・新の千円札だ。

大正・昭和初期には近代化が進んだのよ。新聞や大衆雑誌が発行されたり, **ラジオ放送**が始まったり。

ラジオ来た！　ラジオはいいよな。ラジオの方がいきいきしてるミュージシャンや芸人さんもいてるもんな！

お前, 深夜ラジオまで聞いてんのか！　勉強しないならせめて早く寝ろ！

このころには白樺派の武者小路実篤や志賀直哉をはじめとして, 谷崎潤一郎, **芥川龍之介**の作品や, 小林多喜二の**プロレタリア文学**も流行したのよ。

練 習 問 題

▶解答は P.179

1 次の（　　　）にあてはまる語句を, 下から選びましょう。

(1)　明治時代初め,（　　　　　　　　　）は『学問のすゝめ』を著しました。

(2)　（　　　　　　　　）は『舞姫』,（　　　　　　　　）は『たけくらべ』,
　　（　　　　　　　　）は『吾輩は猫である』を発表しました。

(3)　（　　　　　　　　）はペスト菌を発見し,（　　　　　　　　）は黄熱病の研究をしました。

〔　森鷗外　　福沢諭吉　　夏目漱石　　野口英世　　志賀潔

芥川龍之介　　北里柴三郎　　樋口一葉　〕

現代の文化

 みんな，ここまでよくがんばった。それでは最後の勉強を始めよう。

 最後は現代の文化を勉強するね。じゃあ，みんなは現代の文化といわれたら，何を思い浮かべる？

 せやなぁ…。今までの感じやったら，文学とかやろ？　ウチ，あんまり本読まんからなぁ。

 そうだな。例えば，ノーベル文学賞を受賞した**川端康成**や**大江健三郎**もいるし，歴史作家の**司馬遼太郎**も有名だ。ノーベル賞といえば，平和賞を受賞した**佐藤栄作**とか，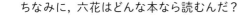を開発して医学・生理学賞を受賞した**山中伸弥**とかはもちろん文化だ。日本人受賞者の最初は物理学賞の**湯川秀樹**だけどな。
ちなみに，六花はどんな本なら読むんだ？

 ウチ!?　えっと……。グラッ●ラー刃●とか……。

 案ずるな六花。漫画も立派な文化だ。

 刃●読んでてもええの!?

 じゃあスポーツはどうなんだ!?

 もちろん文化だね。例えば，プロ野球の**長嶋茂雄**とか**王貞治**，**イチロー**だってそうよ。フィギュアスケートの**羽生結弦**だって当然。

 ぼく，映画が好きなんだけど，これも文化かな？

 黒澤明監督とか聞いたことないか？　世界的にも高い評価を受けているんだ。あとは，アニメだって日本が誇る文化だぞ。**スタジオジブリ**の**宮崎駿**監督ももちろん知ってるよな？

 おぉ！　ジブリすごい好きやねん！　特にあれ！　となりの……。

 あれは俺も好きだぞ。特にメイちゃんが…　 山田くん！　 そっちかい！！

 いや，名作だよ。名作だけどね。**高畑勲**監督の方ね。

 難しく考えなくていいのよ。文化は生活から生まれるものなんだから。

 ゲームは？　 文化だよ。　 音楽も？　 文化だ。

 じゃ，じゃあお笑いは？

もちろん文化だ。

 いいの？　ウチ，ほんまはザコ●ショウとかどぶ●っくが好きやけどいいの？

 いいのよ。好きな笑いは人それぞれ。そして私はアキラ●％が大好き。

 僕はお笑い第7世代に期待しているよ。空●階段とか。でも，やっぱり1番はラーメ●ズだな。本公演，楽しみにしてたのにな。

 ここまで，ざっと今までの文化を勉強した。そして，これからの文化だが，文化っていうのは，その時代に中心になった人たちがつくるんだったよな？　それじゃあ，これから，時代の中心になっていくのはだれだ？

 えっ！　だれだろう。テニスの大坂なおみとか，ゴルフの渋野日向子とか？　あいみょん？

 俺たちだ。

練 習 問 題

▶解答は P.179

1 次の問いに答えましょう。

(1) 『伊豆の踊子』『雪国』などを著し，1968年にノーベル文学賞を受賞したのはだれですか。

（　　　　　　　　　）

(2) 2012年，iPS細胞の発見でノーベル医学・生理学賞を受賞したのはだれですか。

（　　　　　　　　　）

(3) 1977年に国民栄誉賞を受賞した，ホームラン数の世界記録を持つプロ野球選手はだれですか。

（　　　　　　　　　）

(4) 『羅生門』などの映画を監督し，1998年に国民栄誉賞を受賞したのはだれですか。

（　　　　　　　　　）

(5) これからの時代の中心となっていくのはだれですか。

（　　　　　　　　　）

▶解答は P.180

🗓 勉強した日　　　月　　　日	得点

まとめのテスト

/100点

1 次の問いに答えましょう。　　　　　　　　　　　　　　　4点×7（28点）

(1) 古墳時代につくられた，右の**資料**のような形をした古墳を何といいますか。

資料

（　　　　　　　　　　　）

(2) 聖徳太子が建てた，現存する世界最古の木造建築物を，次の**ア～エ**から選びなさい。

ア　東大寺　　イ　唐招提寺　　ウ　正倉院　　エ　法隆寺

（　　　　）

(3) 奈良時代の聖武天皇のころの文化を何文化といいますか。

（　　　　　　　　　　　）

(4) (3)の文化にあてはまらないものを，次の**ア～エ**から選びなさい。

ア　『万葉集』　　イ　『日本書紀』　　ウ　『古事記』　　エ　『新古今和歌集』

（　　　　）

(5) 次の文中の ▢X▢ ～ ▢Z▢ にあてはまる語句，作者名を答えなさい。

> 平安時代には ▢X▢ とよばれる文字が発達し，▢Y▢ の『枕草子』，▢Z▢ の『源氏物語』など，すぐれた文学作品が生まれた。

X（　　　　　　　　）　Y（　　　　　　　　）　Z（　　　　　　　　）

2 次の問いに答えましょう。　　　　　　　　　　　　　　　5点×4（20点）

(1) 鎌倉時代に運慶らがつくった，右の**資料**の像を何といいますか。

資料

（　　　　　　　　　　　）

(2) 鎌倉時代に広まった新しい仏教の宗派と開祖の組み合わせとして誤っているものを，次の**ア～エ**から選びなさい。

ア　浄土宗―法然　　　イ　浄土真宗―親鸞
ウ　日蓮宗―栄西　　　エ　時宗――一遍

（　　　　）

(3) 室町時代の東山文化で銀閣を建てたのはだれですか。また，この時代に生まれた，現在の和室のもとになった建築様式を何といいますか。

人物（　　　　　　　　）　建築様式（　　　　　　　　）

3 次の問いに答えましょう。　　　　　　　　　　　　　　　　　　　4点×8(32点)

(1) 織田信長と豊臣秀吉が活躍した時代に栄えた，豪華で壮大な文化を何文化といいます
か。　　　　　　　　　　　　　　　　　　　　　　　　　　　　（　　　　　　　　）

(2) 次の①・②の人物に関連の深いものを，次の**ア〜エ**からそれぞれ選びなさい。
　　① 千利休　　② 出雲の阿国
　　ア 御伽草子　　**イ** 水墨画　　**ウ** かぶき踊り　　**エ** 茶の湯
　　　　　　　　　　　　　　　　　　　　①（　　　　）　②（　　　　）

(3) 右の**資料**は『富嶽三十六景』です。この作品の作者　　　　**資料**
を，次の**ア〜エ**から選びなさい。
　　ア 葛飾北斎　　**イ** 喜多川歌麿
　　ウ 歌川広重　　**エ** 尾形光琳　　　　　（　　　　）

(4) 次の文中の　**X**　〜　**Z**　にあてはまる語句，人物
名を，あとの**ア〜オ**からそれぞれ選びなさい。

> 江戸時代，京都・大坂の町人を中心とした　**X**　文化とよばれる文化が栄え，浮世
> 草子を書いた　**Y**　や『奥の細道』を書いた　**Z**　らが活躍した。

　　ア 元禄　　**イ** 化政　　**ウ** 小林一茶　　**エ** 井原西鶴　　**オ** 松尾芭蕉
　　　　　　　　　　　　　　X（　　　　）　**Y**（　　　　）　**Z**（　　　　）

(5) 江戸時代，『古事記伝』を著し，国学を大成したのはだれですか。
　　　　　　　　　　　　　　　　　　　　　　　　　　　　　（　　　　　　　　）

4 次の問いに答えましょう。　　　　　　　　　　　　　　　　　　　4点×5(20点)

(1) 明治時代に『学問のすゝめ』を書いて文明開化をけん引した人物を，次の**ア〜エ**から選
びなさい。
　　ア 森鷗外　　**イ** 川端康成　　**ウ** 福沢諭吉　　**エ** 夏目漱石
　　　　　　　　　　　　　　　　　　　　　　　　　　　　　（　　　　　　　　）

(2) 右の**資料**は「老猿」です。この作品の作者を，次の**ア〜エ**から　　　**資料**
選びなさい。
　　ア 高村光雲　　**イ** 黒田清輝
　　ウ 狩野芳崖　　**エ** 岡倉天心
　　　　　　　　　　　　　　　　　　（　　　　）

(3) 次の①〜③にあてはまる人物を，あとの**ア〜ウ**からそれぞれ選び
なさい。
　　① ペスト菌の発見　　② 黄熱病の研究　　③ 赤痢菌の発見
　　ア 北里柴三郎　　**イ** 志賀潔　　**ウ** 野口英世
　　　　　　　　　　　①（　　　　）　②（　　　　）　③（　　　　）

01 人類の誕生と古代文明

練習問題

1 次の（　）にあてはまる語句を，下から選びましょう。
(1) 一番古い人類は，アフリカにあらわれた（　猿人　）です。
(2) 石を打ち欠いてつくった石器を（　打製　）石器といい，この石器が使われていた時代を（　旧石器　）時代といいます。
(3) ナイル川の流域では，（　エジプト　）文明がおこりました。

〔 エジプト　旧石器　新石器　原人　メソポタミア
猿人　打製　磨製 〕

2 次の問いに答えましょう。
(1) 現在の人類の直接の祖先にあたる人類を何といいますか。
（　新人　）
(2) 石を磨いてつくられた石器を何といいますか。
（　磨製石器　）
(3) 亀の甲や牛の骨に記された，右の図のような文字を何といいますか。（　甲骨文字　）
(4) 漢が西方と交易を行うときに使用した交易路を何といいますか。
（　シルクロード　）
(5) ムハンマドが開いた宗教を，次のア〜エから1つ選びなさい。
ア　キリスト教　イ　イスラム教　ウ　ヒンドゥー教
エ　仏教　（　イ　）

---

02 ギリシャ・ローマの文化

練習問題

1 次の（　）にあてはまる語句を，下から選びましょう。
(1) 紀元前8世紀ごろに，（　ポリス　）とよばれるアテネやスパルタのような都市国家がつくられました。
(2) （　アレクサンドロス　）大王は，東に遠征を行い，ペルシャを征服し，インダス川にまで達しました。
(3) (2)大王が東方まで遠征した結果，ギリシャ文明が伝わり，（　ヘレニズム　）の文化が生まれました。
(4) イタリア半島を支配していたローマでは，紀元前30年に内乱がおこり，皇帝が支配する（　ローマ　）帝国が成立しました。

〔 ローマ　アレクサンドロス　ポリス　ヘレニズム
スパルタ 〕

2 古代ローマの政治の移り変わりとして正しくなるように，次のA〜Cを並びかえましょう。
A　共和政　B　帝政　C　王政
（　C　→　A　→　B　）

---

03 旧石器・縄文・弥生文化

練習問題

1 次の（　）にあてはまる語句を，下から選びましょう。
(1) （　打製　）石器が使われた時代を旧石器時代といいます。
(2) 人々は，木の実や漁でとれた魚を煮て食べるため，（　縄文　）土器をつくるようになりました。
(3) 魔よけや食物の豊かさをいのるために（　土偶　）とよばれる土製の人形がつくられました。
(4) 大陸から稲作が伝わったころから，薄手でかたい（　弥生　）土器がつくられるようになりました。

〔 弥生　縄文　打製　磨製　貝塚　土偶 〕

2 次の問いに答えましょう。
(1) 日本で初めて打製石器が発見された遺跡を，次のア〜エから1つ選びなさい。
ア　登呂遺跡　イ　三内丸山遺跡
ウ　岩宿遺跡　エ　吉野ヶ里遺跡　（　ウ　）
(2) 縄文時代の遺跡に見られる，食べ物の残りかすなどが大量に捨てられたあとを何といいますか。（　貝塚　）
(3) 縄文時代の人々が住んでいた住居を何といいますか。
（　たて穴住居　）
(4) 稲作とともに伝わり，おもに祭りに使われたとされる右の図のような道具を，次のア〜エから1つ選びなさい。
ア　打製石器　イ　銅鐸　ウ　鉄器　エ　金印
（　イ　）
(5) 収穫した稲を蓄えた倉庫を何といいますか。（　高床倉庫　）

---

04 邪馬台国連合とヤマト政権

練習問題

1 次の（　）にあてはまる語句を，下から選びましょう。
(1) （　邪馬台国　）の卑弥呼は，中国の魏に使いを送りました。
(2) 大王や豪族の墓として，各地に大きな（　古墳　）がつくられました。
(3) 大王や豪族の墓の頂上や周りには，（　埴輪　）とよばれる素焼きの土製品が置かれました。

〔 ヤマト政権　邪馬台国　古墳　土偶　埴輪
須恵器 〕

2 次の問いに答えましょう。
(1) 卑弥呼が使いを送った中国の王朝を，次のア〜エから1つ選びなさい。
ア　漢　イ　隋　ウ　宋　エ　魏　（　エ　）
(2) ヤマト政権の支配者は，4〜5世紀には何とよばれるようになりましたか。（　大王　）
(3) 方形と円形を組み合わせた，右の図のような形をした古墳を何といいますか。（　前方後円墳　）
(4) 5世紀ごろから，大陸から一族で日本に移り住み，日本にさまざまな文化や技術を伝えた人々は何とよばれましたか。（　渡来人　）
(5) (4)によって日本に伝えられたものとして誤っているものを，次のア〜エから1つ選びなさい。
ア　漢字　イ　仏教　ウ　鉄砲　エ　須恵器
（　ウ　）

中国・朝鮮・日本の統一

練習問題

1 次の問いに答えましょう。

(1) 聖徳太子が役人の心構えを示したものを何といいますか。
（十七条の憲法）

(2) 聖徳太子が小野妹子らを派遣した中国の王朝は何ですか。
（隋）

(3) 中大兄皇子らが蘇我氏を倒して始めた政治改革を何といいますか。
（大化の改新）

(4) (3)で示された,豪族が支配していた土地と人々とを天皇が支配することを何といいますか。
（公地・公民（制））

(5) 天智天皇の死後,天皇のあとつぎをめぐっておこった争いを何といいますか。
（壬申の乱）

平城京と中央政治の乱れ

練習問題

1 次の（　　）にあてはまる語句を,下から選びましょう。

(1) 710年,奈良につくられた都は（　平城京　）といいます。

(2) 農民に課せられた税のうち,（　租　）は収穫量の約3％の稲を納めるもの,（　調　）は地方の特産物を納めるもの,（　庸　）は労役の代わりに布を納めるものです。

〔 平城京　平安京　調　庸　租 〕

2 次の問いに答えましょう。

(1) 701年,中国の唐にならってつくられた法律を何といいますか。
（大宝律令）

(2) 奈良の都は唐の何という都にならってつくられましたか。
（長安）

(3) 戸籍にもとづいて,6歳以上のすべての人に土地をあたえ,死ぬと国に返させることを定めた法を何といいますか。（班田収授法）

(4) (3)によって,6歳以上のすべての人にあたえられた土地を何といいますか。
（口分田）

(5) 奈良時代,九州北部の防衛にあたった兵士を何といいますか。
（防人）

(6) 新しく開墾した土地の永久私有を認めた法を何といいますか。
（墾田永年私財法）

まとめのテスト

得点
/100点

1 次の問いに答えましょう。

(1) 人類の進化の順に並べたものを,次の**ア～エ**からそれぞれ選びなさい。
　ア 原人→猿人→新人　**イ** 原人→新人→猿人
　ウ 猿人→原人→新人　**エ** 猿人→新人→原人
（ ウ ）

(2) 右の**地図**を見て,各問いに答えなさい。
① **地図**中の**A～C**の地域に栄えた文明の名をそれぞれ答えなさい。
　A（　エジプト　）文明
　B（ メソポタミア ）文明
　C（　インダス　）文明

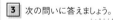
地図

② **地図**中の**C**の古代文明と関係の深いものを,次の**ア～エ**から選びなさい。
　ア 楔形文字　**イ** モヘンジョ・ダロ
　ウ ピラミッド　**エ** 太陽暦
（ イ ）

2 次の問いに答えましょう。

(1) 縄文土器が使われたころの説明として正しいものを,次の**ア～エ**から選びなさい。
　ア 王があらわれた。
　イ 魔よけなどのために土偶がつくられた。
　ウ 各地にクニが生まれた。
　エ 大陸から鉄器が伝えられた。
（ イ ）

(2) 縄文時代の人々が食べ物の残りかすを捨てたあとを何といいますか。
（ 貝塚 ）

(3) 弥生時代に使われた,収穫した稲を蓄えた建物を何といいますか。
（ 高床倉庫 ）

(4) 右の**資料**は,弥生時代に祭りの道具として使われたとされる青銅器です。この青銅器を何といいますか。
（ 銅鐸 ）

資料
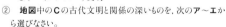

3 次の問いに答えましょう。

(1) 右の**資料**は,聖徳太子が定めた法です。これについて,各問いに答えなさい。

資料
一に曰く,和をもって貴しとなし,さからうことなきを宗とせよ。
二に曰く,あつく三宝を敬え。三宝とは,仏・法・僧なり。

① 右の**資料**を何といいますか。
（十七条の憲法）

② これは,だれに対しての心構えを示したものですか。次の**ア～エ**から選びなさい。
　ア 天皇　**イ** 農民　**ウ** 僧　**エ** 役人
（ エ ）

(2) 聖徳太子は,才能や功績のある人物を役人に取り立てるために新しい制度をつくりました。この制度を何といいますか。
（ 冠位十二階 ）の制

(3) 大化の改新を進めた人物を,次の**ア～エ**から2人選びなさい。
　ア 小野妹子　**イ** 中臣鎌足
　ウ 中大兄皇子　**エ** 蘇我馬子
（ イ ）（ ウ ）

(4) 大化の改新で行われた政策を，次の**ア～エ**から選びなさい。
ア 大宝律令を制定した。
イ 公地・公民（制）を進めた。
ウ まじないで政治を行った。
エ 平城京に都を移した。 （ **イ** ）

4 次の問いに答えましょう。

	内　容
A	収穫量の約３％の稲
B	特産物
C	労役の代わりの布
雑徭	各地での労役
兵役	衛士…都の警備 D …九州北部の防衛

(1) 右の**資料**は，奈良時代の人々の負担についてまとめたものです。これを見て，各問いに答えなさい。
　① **資料**中の**A～C**にあてはまる語句を，次の**ア～ウ**からそれぞれ選びなさい。
ア 調　**イ** 租
ウ 庸
A（ **イ** ）B（ **ア** ）C（ **ウ** ）
　② **資料**中の**D**にあてはまる語句を答えなさい。 （ **防人** ）
(2) 奈良時代，戸籍に登録された６歳以上のすべての男女にあたえられ，死ぬと国に返させた土地を何といいますか。 （ **口分田** ）
(3) 人口が増え，(2)が不足すると，開墾した土地の永久私有を認める法令が出されました。この法令を何といいますか。
（ **墾田永年私財法** ）

イスラムとヨーロッパ世界の発展

練習問題

1 次の（　　）にあてはまる語句を，下から選びましょう。
(1) アラビア半島に生まれた（ **ムハンマド** ）は，7世紀にイスラム教を開きました。
(2) キリスト教は，西ヨーロッパを中心とする（ **カトリック教会** ）と，東ヨーロッパを中心とする（ **正教会** ）に分かれました。
(3) キリスト教とイスラム教の共通の聖地は（ **エルサレム** ）です。
〔 **イエス　ムハンマド　カトリック教会　正教会　エルサレム** 〕

2 次の問いに答えましょう。
(1) イスラム教の聖典を何といいますか。
（ **コーラン** ）
(2) イスラム教徒が西アジアを中心に建設した広大な国を何といいますか。
（ **イスラム帝国** ）

平安京と地方政治の乱れ

練習問題

1 次の（　　）にあてはまる語句を，下から選びましょう。
(1) 794年，京都につくられた都は（ **平安京** ）といいます。
(2) （ **天台宗** ）を伝えた最澄は，比叡山に（ **延暦寺** ）を建て，（ **真言宗** ）を伝えた空海は，高野山に（ **金剛峯寺** ）を建てました。
〔 **平城京　平安京　真言宗　天台宗　延暦寺　金剛峯寺** 〕

2 次の問いに答えましょう。
(1) 都を京都に移した天皇を，次の**ア～エ**から１人選びなさい。
ア 桓武天皇　**イ** 聖武天皇
ウ 持統天皇　**エ** 天武天皇 （ **ア** ）
(2) 平安京は，何という都から移されましたか。 （ **長岡京** ）
(3) 蝦夷を支配するために，東北地方に派遣された人物はだれですか。 （ **坂上田村麻呂** ）
(4) (3)は何という職に任命されましたか。 （ **征夷大将軍** ）
(5) 平安時代の初めに，蝦夷の指導者として，朝廷の軍と戦った人物はだれですか。 （ **アテルイ** ）
(6) 都から派遣され，地方の政治を行った役人を何といいますか。 （ **国司** ）

東アジアの変化と摂関政治

練習問題

1 次の（　　）にあてはまる語句を，下から選びましょう。
(1) 唐がほろびたあと，中国を統一した王朝は（ **宋** ）です。
(2) 朝鮮半島では，10世紀初めに（ **高麗** ）がおこり，やがて新羅をほろぼしました。
(3) 天皇が幼いときに天皇にかわって政治を行う職を（ **摂政** ），成人した天皇を補佐して政治を行う職を（ **関白** ）といいます。
〔 **隋　漢　宋　高句麗　高麗　征夷大将軍　摂政　関白** 〕

2 次の問いに答えましょう。
(1) 遣唐使の停止を訴え，認められた人物はだれですか。
（ **菅原道真** ）
(2) 藤原氏が摂政や関白の地位を独占して行った政治を何といいますか。 （ **摂関政治** ）
(3) 娘を天皇のきさきにし，その子を次の天皇にたてることで勢力をのばし，右の歌をよんだ人物はだれですか。

この世をば　わが世とぞ思ふ
望月の　欠けたることも
なしと思へば

（ **藤原道長** ）
(4) (3)の人物の子で，ともに藤原氏の全盛期を築いた人物はだれですか。 （ **藤原頼通** ）

10 院政と平氏政権

練習問題

1 次の( )にあてはまる語句を,下から選びましょう。

(1) (後三条)天皇は,藤原氏と関係が薄かったことから自ら政治を行い,摂関政治をおさえました。

(2) (白河)天皇は上皇となったのちも政治の実権をにぎる(院政)を始めました。

(3) 平清盛は大輪田泊という港を整備して,(宋)と貿易を行いました。

〔 桓武 後三条 白河 藤原氏 院政 摂関政治 宋 唐 〕

2 次の問いに答えましょう。

(1) 1156年,天皇家と摂関家のそれぞれのうちわもめからおこった戦乱を,次の**ア〜エ**から1つ選びなさい。
ア 平治の乱 イ 壬申の乱
ウ 保元の乱 エ 大化の改新 (ウ)

(2) 源氏との戦いに勝利し,政治の実権をにぎった平氏の棟梁はだれですか。 (平清盛)

(3) (2)の人物が,武士出身者として初めて任命された朝廷の役職は何ですか。 (太政大臣)

11 鎌倉幕府の成立と発展

練習問題

1 次の( )にあてはまる語句を,下から選びましょう。

(1) 1185年,国ごとに(守護)が,翌年には荘園や公領ごとに(地頭)が置かれました。

(2) 将軍が御家人に新しい領地をあたえたりすることを(御恩),御家人が武力で忠誠を誓うことを(奉公)といいます。
〔 国司 守護 地頭 郡司 奉公 御恩 〕

2 次の問いに答えましょう。

(1) 平氏がほろぼされた戦を何といいますか。 (壇ノ浦の戦い)

(2) (1)の戦いで平氏をほろぼしたのはだれですか。 (源義経)

(3) 鎌倉幕府を開いた人物はだれですか。 (源頼朝)

(4) 1192年に(3)の人物が任命された役職は何ですか。
(征夷大将軍)

まとめのテスト

得点 /100点

1 次の問いに答えましょう。

(1) 右の**地図**中のアラビア半島について,各問いに答えなさい。

地図

① アラビア半島で開かれた宗教を,次の**ア〜エ**から選びなさい。
ア キリスト教
イ ヒンドゥー教
ウ イスラム教 エ 仏教 (ウ)

② ①の宗教を開いた人物はだれですか。
(ムハンマド)

③ **地図**中の■の都市は,複数の宗教の聖地となっています。この都市を何といいますか。 (エルサレム)

(2) 次の文中の X , Y にあてはまる語句を,それぞれ答えなさい。

中世ヨーロッパのキリスト教は,西ヨーロッパを中心とした X と東ヨーロッパを中心とした Y に分かれた。

X（ カトリック教会 ） Y（ 正教会 ）

2 次の問いに答えましょう。

(1) 桓武天皇によって,794年に移された都を何といいますか。 (平安京)

(2) 次の人物の名前をそれぞれ答えなさい。
① 真言宗を伝え,高野山金剛峯寺を建てた。(空海)
② 天台宗を伝え,比叡山延暦寺を建てた。(最澄)

(3) 10世紀に,朝鮮半島を統一した国を,次の**ア〜エ**から選びなさい。
ア 新羅 イ 高句麗 ウ 高麗 エ 百済
(ウ)

(4) 藤原氏の政治について述べた,次の文中の X , Y にあてはまる語句を,それぞれ答えなさい。

藤原氏は,娘を天皇のきさきとし,その子を次の天皇にたて,天皇が幼いときは X ,成人すると Y として政治の補佐を行った。

X（ 摂政 ） Y（ 関白 ）

3 次の問いに答えましょう。

(1) 院政を始めた上皇はだれですか。 (白河上皇)

(2) 1159年に平清盛が源義朝を破った戦いを,次の**ア〜ウ**から選びなさい。
ア 壬申の乱 イ 保元の乱 ウ 平治の乱 (ウ)

(3) 平清盛が行った貿易について各問いに答えなさい。

地図

① 平清盛が貿易を行うために整備した港を,右の**地図**中の**ア〜オ**から選びなさい。 (ウ)

② 平清盛が貿易を行った中国の王朝を,次の**ア〜エ**から選びなさ

い。
　　ア　隋　イ　宋　ウ　漢　エ　唐　　　（　イ　）
(4)　源義経が平氏をほろぼした場所を,**地図中のア〜オ**から選び
　　なさい。　　　　　　　　　　　　　　　　　（　エ　）
(5)　源義経をかくまったとして源頼朝にほろぼされた,奥州藤原氏
　　が勢力をのばしていた地方を,次の**ア〜エ**から選びなさい。
　　　ア　東北地方　　イ　関東地方　　ウ　中部地方
　　　エ　近畿地方　　　　　　　　　　　　　　　（　ア　）

4　次の問いに答えましょう。
(1)　鎌倉幕府の支配について述べた次の文中の　X　.　Y
　　にあてはまる語句の組み合わせとして正しいものを,あとの**ア〜エ**か
　　ら選びなさい。

> 国ごとに　X　を置いて軍事や警察の役割を,荘園や公
> 領ごとに　Y　を置いてその管理や税の取り立てを行わせ
> た。

　　　ア　X−地頭　Y−守護　　イ　X−地頭　Y−国司
　　　ウ　X−守護　Y−地頭　　エ　X−守護　Y−国司
　　　　　　　　　　　　　　　　　　　　　　　（　ウ　）
(2)　鎌倉幕府の主従関係について,各問いに答えなさい。
　　①　将軍が御家人に土地や役職をあたえることを何といいます
　　　か。　　　　　　　　　　　　　　　（　御恩　）
　　②　①に対し,御家人が京都や鎌倉の警備を行い,合戦があ
　　　れば命がけで戦うことを何といいますか。　（　奉公　）

Chapter 03 Theme 12

十字軍とモンゴル帝国

練 習 問 題

1　次の問いに答えましょう。
(1)　ローマ教皇の命令で,イスラム帝国から聖地エルサレム奪還を目
　　的として派遣された兵を何といいますか。
　　　　　　　　　　　　　　　　　　（　十字軍　）
(2)　13世紀初めごろに,広大なユーラシア大陸の東西にまたがってつ
　　くられた大帝国を何といいますか。
　　　　　　　　　　　　　　　　（　モンゴル帝国　）
(3)　(2)を建国したのはだれですか。
　　　　　　　　　　　　　　　（チンギス・ハン）
(4)　(3)の人物の死後,東アジアを支配し,国号を元としたのはだれで
　　すか。
　　　　　　　　　　　　　　　（フビライ・ハン）
(5)　元の首都が置かれた都市はどこですか。
　　　　　　　　　　　　　　　（　大都(北京)　）

Chapter 03 Theme 13

蒙古襲来と鎌倉幕府の滅亡

練 習 問 題

1　次の問いに答えましょう。
(1)　北条氏が独占した,鎌倉幕府の将軍を補佐する役職を何といい
　　ますか。　　　　　　　　　　　　　　（　執権　）
(2)　1232年,北条泰時が定めた法令を何といいますか。
　　　　　　　　　　　　　　（御成敗式目(貞永式目)）
(3)　元軍が九州北部に2度にわたり攻めてきたできごとを何といい
　　ますか。漢字2字で答えなさい。
　　　　　　　　　　　　　　　　（　元寇　）
(4)　生活が苦しくなった御家人を救うために,1297年に幕府が出した
　　法令を何といいますか。
　　　　　　　　　　　　　　　　（　徳政令　）

Chapter 03 Theme 14

室町幕府の成立と発展

練 習 問 題

1　次の問いに答えましょう。
(1)　1338年に北朝から征夷大将軍に任命されて幕府を開いた人物
　　はだれですか。
　　　　　　　　　　　　　　　　（　足利尊氏　）
(2)　室町幕府において,将軍を補佐する役職を何といいますか。
　　　　　　　　　　　　　　　　（　管領　）
(3)　約60年間,2つの朝廷が争った時代を何時代といいますか。
　　　　　　　　　　　　　　　（　南北朝時代　）
(4)　2つの朝廷を統一した室町幕府の3代将軍はだれですか。
　　　　　　　　　　　　　　　（　足利義満　）

15 東アジアの交流

練習問題

1 次の（　　）にあてはまる語句を，下から選びましょう。

(1) 中国では，漢民族が（　**明**　）を建国しました。

(2) 朝鮮半島では，李成桂が（　**朝鮮国**　）を建国しました。

(3) 沖縄島で建国された国は，日本や中国などとの（　**中継貿易**　）で栄えました。

〔 元　明　琉球王国　高麗　朝鮮国　朝貢貿易　中継貿易 〕

2 次の問いに答えましょう。

(1) 朝鮮半島や中国の沿岸をおそった海賊たちは何とよばれましたか。

（　**倭寇**　）

(2) 中国との貿易で使われていた，正式な貿易船と(1)とを区別するための合い札を何といいますか。

（　**勘合**　）

16 戦国の争乱

練習問題

1 次の（　　）にあてはまる語句を，トから選びましょう。

(1) 室町幕府8代将軍（　**足利義政**　）のとき，将軍のあとつぎ問題をめぐって有力な守護大名が対立しました。

(2) （　**加賀**　）では浄土真宗を信仰する武士らによる（　**一向一揆**　）が，（　**山城**　）では武士と農民による（　**国一揆**　）がおこりました。

〔 足利義政　足利義満　山城　加賀　国一揆　土一揆　一向一揆 〕

2 次の問いに答えましょう。

(1) 1467年から11年にわたってくり広げられた戦いを何といいますか。

（　**応仁の乱**　）

(2) (1)の戦いで，細川氏と対立した守護大名は何氏ですか。

（　**山名氏**　）

(3) 力のある者が実力で上の身分の者を倒す風潮を何といいますか。

（　**下剋上**　）

(4) (3)の風潮の中で，国の新しい支配者となった大名を何大名といいますか。

（　**戦国大名**　）

(5) (4)が領国で定めた右のような決まりを何といいますか。

― けんかをした者は，いかなる理由による場合でも処罰する。
（部分要約）

（　**分国法**　）

まとめのテスト

得点 /100点

1 次の文を読んで，あとの問いに答えましょう。

> **a**モンゴル帝国の5代皇帝 **X** は，都を大都（今の北京）とし，国号を **Y** と定めた。その後，**b**日本を従えようとして2度にわたり大軍を送った。

(1) 下線部**a**について，モンゴル帝国を建国したのはだれですか。

（チンギス・ハン）

(2) 文中の **X** ，**Y** にあてはまる語句を，それぞれ答えなさい。

X（フビライ・ハン）　Y（　元　）

(3) 下線部**b**のできごとについて，次の各問いに答えなさい。

① このできごとを何といいますか。

（元寇（蒙古襲来））

② このときの鎌倉幕府の執権を，次の**ア**〜**ウ**から選びなさい。
ア 北条時宗　**イ** 北条政子　**ウ** 北条泰時

（　**ア**　）

2 右の年表を見て，次の問いに答えましょう。

(1) 年表中の**A**の政治を何といいますか。

（ 建武の新政 ）

(2) 年表中の**B**について，後醍醐天皇が逃れた吉野は，現在の何県ですか。次の**ア**〜**エ**から選びなさい。

年代	おもなできごと
1333	鎌倉幕府がほろびる
	後醍醐天皇が政治を行う………**A**
1336	南北朝時代が始まる………**B**
1338	**C** が征夷大将軍になる
1392	南北朝が統一される

ア 滋賀県　**イ** 奈良県
ウ 兵庫県　**エ** 和歌山県

（　**イ**　）

(3) 年表中の **C** にあてはまる人物を，次の**ア**〜**エ**から選びなさい。
ア 足利義政　**イ** 楠木正成　**ウ** 足利尊氏
エ 源頼朝

（　**ウ**　）

(4) (3)によって開かれた幕府において，将軍の補佐役として置かれた役職を何といいますか。

（　**管領**　）

3 15世紀の東アジアを示した右の地図を見て，次の問いに答えましょう。

地図

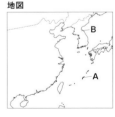

(1) 15世紀初め，尚氏が**地図中のA**を統一して建てた国を何といいますか。

（ 琉球王国 ）

(2) (1)の国は，日本や中国などを結ぶ貿易で栄えました。このような貿易を何といいますか。

（ 中継貿易 ）

(3) **地図中のB**の国を，次の**ア**〜**ウ**から選びなさい。
ア 高句麗　**イ** 高麗　**ウ** 朝鮮国

（　**ウ**　）

(4) 右の**資料**は，室町幕府3代将軍だった足利義満が，明との貿易の際に使用した合い札です。この合い札を何といいますか。

資料

（　**勘合**　）

(5) (4)の合い札が貿易に使われた理由について述べた，次の文中の □ にあてはまる語句を答えなさい。

正式な貿易船と □ の船を区別するため。

（　**倭寇**　）

4 次の問いに答えましょう。
(1) 1467年に京都でおこり、11年続いた争乱を何といいますか。
（　応仁の乱　）
(2) (1)がおこった原因の1つとして正しいものを、次のア〜エから選びなさい。
ア　貴族と武士の勢力争い
イ　元の攻撃による幕府の衰え
ウ　執権政治の乱れ　エ　将軍のあとつぎ問題　（　エ　）
(3) (1)以降、急速に広まった、下の身分の者が上の身分の者を実力で倒す風潮を何といいますか。（　下剋上　）
(4) 次の①、②の反乱をそれぞれ何といいますか。
①　武士と農民が一体になって守護大名を追い払い、自治を行った。
②　浄土真宗（一向宗）を信仰する武士や農民らが守護大名を倒し、約100年間自治を行った。
①（山城の国一揆）　②（加賀の一向一揆）

Chapter 04 Theme
17　ルネサンス・宗教改革と大航海時代

練習問題

1 次の問いに答えましょう。
(1) ドイツで宗教改革を始めたのはだれですか。
（　ルター　）
(2) カトリック教会に反対した者は、何とよばれましたか。
（プロテスタント）
(3) インド航路を発見した人物はだれですか。
（バスコ・ダ・ガマ）

Chapter 04 Theme
18　ヨーロッパ人の来航と織田信長の統一

練習問題

1 次の（　　）にあてはまる語句を、下から選びましょう。
(1) ポルトガル人が乗った中国船が（　種子島　）に流れ着き、日本に鉄砲が伝えられました。
(2) 織田信長は、駿河・遠江（静岡県）の大名の今川義元を（桶狭間の戦い）で、甲斐（山梨県）の大名の武田勝頼を（長篠の戦い）で破りました。
〔　種子島　鹿児島　長篠の戦い　桶狭間の戦い　〕

2 次の問いに答えましょう。
(1) 日本にキリスト教を伝えたイエズス会の宣教師はだれですか。
（（フランシスコ・）ザビエル）
(2) 織田信長が琵琶湖のほとりに築いた城を何といいますか。
（　安土城　）
(3) 織田信長が商工業を発展させるため、(2)の城下で行った政策を何といいますか。
（　楽市・楽座　）

Chapter 04 Theme
19　豊臣秀吉の天下統一

練習問題

1 次の（　　）にあてはまる語句を、下から選びましょう。
(1) 豊臣秀吉は、（　大坂城　）を築いて本拠地としました。
(2) 豊臣秀吉は朝廷から（　関白　）に任命され、豊臣の姓をあたえられました。
(3) 豊臣秀吉は九州を平定したあと、関東の（　北条氏　）をほろぼして、全国統一が完成しました。
〔　大坂城　安土城　摂政　関白　北条氏　島津氏　〕

2 次の問いに答えましょう。
(1) 豊臣秀吉が明智光秀を破った戦いを何といいますか。
（　山崎の戦い　）
(2) 豊臣秀吉が農民に刀ややり、鉄砲などをさし出させたことを何といいますか。（　刀狩　）
(3) 豊臣秀吉が全国の田畑の面積や土地のよしあしを同じ基準で調べ、収穫量を石高で表した政策を何といいますか。
（　太閤検地　）
(4) (2)と(3)により、武士と農民の区別がはっきりしたことを何といいますか。（　兵農分離　）
(5) 豊臣秀吉が、明の征服をめざして大軍を送った国はどこですか。
（　朝鮮（国）　）
(6) 織田信長と豊臣秀吉が活躍した時代を何といいますか。
（安土桃山時代）

20 江戸幕府の成立と支配体制

1 次の( )にあてはまる語句を,下から選びましょう。

(1) 関ヶ原の戦い以前から徳川氏に従っていた大名を
(譜代大名),関ヶ原の戦い以後に徳川氏に従った大名を
(外様大名)といいます。

(2) 江戸時代初め,幕府と朝鮮との仲立ちを務めた藩は
(対馬)藩,蝦夷地のアイヌの人々と交易を行ったのは
(松前)藩です。

〔 親藩 譜代大名 外様大名 薩摩 対馬
松前 〕

2 次の問いに答えましょう。

(1) 江戸幕府が築城や結婚などの決まりを整え,大名を統制した法
令を何といいますか。

(武家諸法度)

(2) 大名は1年おきに江戸と領地を行き来することとした制度を何とい
いますか。

(参勤交代)

---

21 文治政治

1 次の問いに答えましょう。

(1) 江戸時代,江戸,大坂,京都はあわせて何とよばれていましたか。

(三都)

(2) 朱子学にもとづく徳治主義により,儒学やほかの学問に力を入れ
たり,法律や制度を整えたりする政治を何といいますか。

(文治政治)

(3) 5代将軍の徳川綱吉が出した極端な動物愛護令を何といいま
すか。

(生類憐みの令)

(4) 新井白石の意見が取り入れられた政治は何とよばれましたか。

(正徳の治)

まとめのテスト

得点

/100点

1 次の問いに答えましょう。

(1) 右の**地図**中の**A～C**は,
大航海時代に開かれた航
路です。これらの航路を開
いた人物を,次の**ア～ウ**か
らそれぞれ選びなさい。

ア マゼラン
イ コロンブス
ウ バスコ・ダ・ガマ

地図

A(イ) B(ア)
C(ウ)

(2) イタリアを中心とし,古代のギリシャ,ローマの文明を学び直そ
うとする文化が14世紀におこりました。この動きを何といいますか。

(ルネサンス(文芸復興))

(3) ドイツでは,16世紀初めにルターがカトリック教会のやり方を批
判して改革を始めました。この改革を何といいますか。

(宗教改革)

(4) (3)の改革に対してカトリック教会内部の改革運動を進めた,ス
ペイン人を中心とする組織を何といいますか。

(イエズス会)

---

2 次の問いに答えましょう。

(1) ポルトガル人によって日本に鉄砲が
伝えられた場所を,右の**地図**中の**ア～**
エから選びなさい。

(ウ)

(2) 織田軍が鉄砲を有効に使い,甲斐
(山梨県)の武田氏を破った戦いを,
次の**ア～エ**から選びなさい。

ア 山崎の戦い **イ** 長篠の戦い
ウ 桶狭間の戦い **エ** 壇ノ浦の戦い (イ)

(3) キリスト教を日本に伝えた人物はだれですか。また,その人物
が最初に訪れた場所を,**地図**中の**ア～エ**に選びなさい。

人物((フランシスコ・)ザビエル) 場所(イ)

地図

3 次の問いに答えましょう。

(1) 右の**資料**は,豊臣秀吉が出した法
令です。この法令を何といいますか。

(刀狩(令))

資料

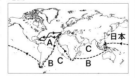
諸国の百姓が刀やわきざし,弓,
やり,鉄砲,その他の武器を持
つことは固く禁止する。

(2) 豊臣秀吉に関係が深いできごとし
て誤っているものを,次の**ア～エ**から選びなさい。

ア 朝廷から関白に任命された。
イ 太閤検地を行った。
ウ 安土城を築いた。
エ 関東の北条氏を倒した。 (ウ)

(3) 豊臣秀吉が明を征服するために出兵した地域を,次の**ア～エ**
から選びなさい。

ア 朝鮮 **イ** 台湾 **ウ** 琉球 **エ** 蝦夷地
(ア)

4 次の問いに答えましょう。

(1) 江戸幕府が大名を統制するために定めた，右の**資料**の法令を何といいますか。　（ 武家諸法度 ）

資料
- 新しい城をつくることは固く禁止する。
- 幕府の許可なしに，婚姻してはならない。

(2) 次の文中の X ， Y にあてはまる人物，語句を，それぞれ答えなさい。

> 江戸幕府3代将軍 X は，大名が領地と江戸を1年おきに往復する Y の制度を整えた。

X（ 徳川家光 ）　Y（ 参勤交代 ）

(3) 江戸幕府の大名のうち，関ヶ原の戦いのあとに徳川氏に従った大名を，次の**ア〜ウ**から選びなさい。
ア 外様大名　**イ** 譜代大名　**ウ** 親藩
（ ア ）

(4) 江戸時代，鎖国下の日本と貿易が許されていたヨーロッパの国を，次の**ア〜エ**から選びなさい。
ア イギリス　**イ** オランダ　**ウ** スペイン
エ ポルトガル
（ イ ）

(5) 江戸時代，朝鮮からは将軍が代わるごとに使節が江戸を訪れていました。朝鮮と交易を行っていた藩を，次の**ア〜エ**から選びなさい。
ア 松前藩　**イ** 薩摩藩　**ウ** 長州藩　**エ** 対馬藩
（ エ ）

(6) 江戸幕府5代将軍徳川綱吉が出した，極端な動物愛護令を何といいますか。
（ 生類憐みの令 ）

---

22 享保の改革と田沼時代

練習問題

1 次の（　　　）にあてはまる語句を，下から選びましょう。

(1) 享保の改革を行ったのは，（ 徳川吉宗 ）です。

(2) 享保の改革では，（公事方御定書）とよばれる裁判の基準となる法律が定められました。

〔 松平定信　徳川吉宗　御成敗式目　公事方御定書 〕

2 次の問いに答えましょう。

(1) 享保の改革で，庶民の意見を聞くために設けられたものを何といいますか。
（ 目安箱 ）

(2) 享保の改革で，参勤交代をゆるめる代わりに米をさし出すことを大名に命じた制度を何といいますか。
（ 上げ米の制 ）

(3) 18世紀後半，大商人の力を利用して産業の発展に努めた老中はだれですか。
（ 田沼意次 ）

---

23 寛政の改革と大御所政治

練習問題

1 次の（　　　）にあてはまる語句を，下から選びましょう。

(1) 寛政の改革を行ったのは，（ 松平定信 ）です。

(2) 寛政の改革では，幕府の関わる学校では（ 朱子学 ）以外の講義は禁止されました。

〔 松平定信　徳川吉宗　国学　朱子学 〕

2 次の問いに答えましょう。

(1) 1830年代におこった大ききんを何といいますか。
（ 天保のききん ）

(2) 大坂で乱をおこした町奉行所の元役人はだれですか。
（ 大塩平八郎 ）

---

24 欧米の市民革命

練習問題

1 次の（　　　）にあてはまる語句を，下から選びましょう。

(1) イギリスでは，クロムウェルらによる（ ピューリタン革命 ）がおこり，続いて（ 名誉革命 ）がおこりました。

(2) フランス革命のとき，国民議会によって（ 人権宣言 ）が出されました。

〔 名誉革命　ピューリタン革命　独立宣言　人権宣言 〕

2 次の問いに答えましょう。

(1) イギリスで名誉革命の結果，公布されたものを何といいますか。
（ 権利章典 ）

(2) フランスの皇帝となり，ヨーロッパの大部分の国を倒して支配したのはだれですか。
（ ナポレオン ）

25 ロシア・アメリカの発展と産業革命

練習問題

1 次の（　　）にあてはまる語句を,下から選びましょう。

(1) アメリカでは,奴隷制度に反対する北部と賛成する南部が対立し,（　南北戦争　）がおこりました。

(2) (1)では,（　リンカン　）大統領の指導の下,北軍が勝利しました。

〔　リンカン　独立戦争　南北戦争　ワシントン　〕

2 次の問いに答えましょう。

(1) ロシアが不凍港を求めて,領土を南部に拡大していこうとする政策を何といいますか。

（　南下政策　）

(2) 機械の開発・改良によって社会や経済が大きく変化することを何といいますか。

（　産業革命　）

---

26 列強の接近と天保の改革

練習問題

1 次の（　　）にあてはまる語句を,下から選びましょう。

(1) 18世紀末以降,日本に外国船が近づくようになると,幕府は（異国船打払令）を出して,外国船を追い払いました。

(2) 1840〜42年,イギリスと清との間で（　アヘン戦争　）がおこり,イギリスが勝利しました。

〔　アヘン戦争　独立戦争　異国船打払令　倹約令　〕

2 次の問いに答えましょう。

(1) 老中の水野忠邦は,物価の上昇をおさえるため,何の解散を命じましたか。

（　株仲間　）

(2) 水野忠邦が江戸や大坂周辺の農村を幕領にしようとして出した命令を何といいますか。

（　上知令　）

---

27 開国と江戸幕府の滅亡

練習問題

1 次の（　　）にあてはまる語句を,下から選びましょう。

(1) 1854年に結ばれた（日米和親条約）では,（　下田　）と函館を開きました。

(2) 土佐藩出身の（　坂本龍馬　）は,薩長同盟の仲立ちをしました。

〔　日米和親条約　日米修好通商条約　長崎　下田　坂本龍馬　徳川慶喜　〕

2 次の問いに答えましょう。

(1) 1853年,4隻の軍艦を率いて日本に来航した人物はだれですか。

（　ペリー　）

(2) 1867年,江戸幕府15代将軍の徳川慶喜が政権を朝廷に返上したできごとを何といいますか。（　大政奉還　）

(3) 1867年,朝廷が天皇中心の政治に戻すことを明らかにした宣言を何といいますか。

（王政復古の大号令）

まとめのテスト

得点

/100点

1 次の3つの改革について,各問いに答えましょう。

A 享保の改革	B 寛政の改革	C 天保の改革

(1) A〜Cの改革を行った人物を,次のア〜エからそれぞれ選びなさい。

ア 徳川吉宗　　イ 徳川綱吉　　ウ 水野忠邦

エ 松平定信

A（　ア　）B（　エ　）C（　ウ　）

(2) Aの改革で,裁判の基準とするために制定された法律を何といいますか。（公事方御定書）

(3) Bの改革で行われたことを,次のア〜エから2つ選びなさい。

ア 目安箱を設けた。

イ 旗本・御家人の借金を帳消しにした。

ウ 株仲間を解散させた。

エ 倉を設け,米を蓄えさせた。（　イ・エ　）

(4) 株仲間の結成を奨励し,営業税を取るなど,商業をさかんにすることで財政を再建させようとした人物はだれですか。

（　田沼意次　）

2 次の問いに答えましょう。

(1) 国王による絶対王政に不満を持った民衆が,王政を倒す革命を何といいますか。（　市民革命　）

(2) イギリスで17世紀半ばにおこった,クロムウェル率いる清教徒たちが国王を倒した革命を何といいますか。（ピューリタン革命）

(3) アメリカ独立戦争で司令官として活躍し,アメリカ初代大統領に就任したのはだれですか。（　ワシントン　）

(4) 右の**資料**は，1789年に始まったフランス革命の中で出された宣言です。この宣言を何といいますか。
（　人権宣言　）

資料
第1条 人は生まれながらに，自由で平等な権利を持つ。
第3条 主権の源は，国民の中にある。

(5) 産業革命が世界で最初におこった国を，次の**ア～エ**から選びなさい。
ア イギリス　**イ** フランス　**ウ** ドイツ　**エ** スペイン
（　ア　）

3 右の年表を見て，次の問いに答えましょう。

(1) 年表中の **A** にあてはまる，理由を問わず外国船を撃退するよう命じた法令を何といいますか。
（異国船(外国船)打払令）

(2) 年表中の**B**について，天保のききんで苦しむ人々を救おうとして大坂で反乱をおこした，元大坂町奉行所の役人はだれですか。
（　大塩平八郎　）

年代	おもなできごと
1825	□ **A** □ が出される
	天保のききんがおこる ……… **B**
1841	天保の改革が始まる
1853	□ **C** □ が浦賀に来航する
1854	日米和親条約が結ばれる ……… **D**
1858	日米修好通商条約が結ばれる … **E**
1859	安政の大獄がおこる
1866	薩長同盟が成立する ……………… **F**
1867	大政奉還が行われる …………… **G**

(3) 年表中の □ **C** □ にあてはまる人物はだれですか。
（　ペリー　）

(4) 年表中の**D**について，日米和親条約で開かれた港を，次の**ア～エ**から2つ選びなさい。
ア 函館　**イ** 新潟　**ウ** 下田　**エ** 神戸
（　ア　）（　ウ　）

(5) 年表中の**E**について，各問いに答えなさい。
① 日米修好通商条約は日本にとって不利な条約でした。不利な点について述べた次の文中の □ **X** □，□ **Y** □ にあてはまる語句を，それぞれ答えなさい。

外国に □ **X** □ を認め，日本に □ **Y** □ がなかったこと。
X（領事裁判権(治外法権)）　**Y**（ 関税自主権 ）

② 日米修好通商条約が結ばれると，天皇を尊び，外国勢力を排除する運動がさかんになりました。この運動を何といいますか。
（尊王攘夷運動）

(6) 年表中の**F**について，薩摩藩と長州藩を仲介し，同盟を成立させた人物を次の**ア～エ**から選びなさい。
ア 西郷隆盛　**イ** 坂本龍馬　**ウ** 木戸孝允　**エ** 岩倉具視
（　イ　）

(7) 年表中の**G**について，大政奉還を行った江戸幕府15代将軍はだれですか。次の**ア～エ**から選びなさい。
ア 徳川家斉　**イ** 徳川慶喜　**ウ** 徳川綱吉　**エ** 徳川家光
（　イ　）

---

28 アジア各地の植民地化

練習問題

1 次の（　　）にあてはまる語句を，下から選びましょう。

(1) 19世紀中ごろ，ジャワ島（インドネシア）は（　オランダ　），ベトナムやカンボジア，ラオスは（　フランス　）の植民地でした。

(2) イギリスは（　綿製品　）をインドに輸出し，インドで（　アヘン　）をつくらせて清に持ちこんで売り，（　茶　）を買っていました。

〔 スペイン　フランス　オランダ　アヘン　茶　綿製品 〕

2 次の問いに答えましょう。

(1) イギリス，インド，清の間で行われていた貿易を何といいますか。
（　三角貿易　）

(2) 1840年，イギリスと清との間でおこった戦争を何といいますか。
（　アヘン戦争　）

(3) (2)の講和条約を何といいますか。
（　南京条約　）

(4) (3)の条約によって清がイギリスにゆずった地域を，次の**ア～ウ**から1つ選びなさい。
ア マカオ　**イ** 南京　**ウ** 香港
（　ウ　）

(5) 1851年，清の政府に反抗し，理想的な国家をめざしておこった反乱を何といいますか。
（太平天国の乱）

(6) (5)の指導者はだれですか。
（　洪秀全　）

Chapter 06 Theme

29 明治維新

練習問題

1 次の（　　）にあてはまる語句を，下から選びましょう。

(1) 明治新政府は，各藩の領地と人民を天皇の支配下に置く（　版籍奉還　）や，藩を廃止して県を置く（　廃藩置県　）を行いました。

(2) 欧米諸国に対抗するため，経済力を発展させて，強力な軍隊をつくることをめざす政策を（　富国強兵　）といいます。

(3) 徴兵令により，満（　20　）歳以上の男子は兵役の義務を負いました。

〔 殖産興業　廃藩置県　版籍奉還　富国強兵　18　20 〕

練 習 問 題

1 次の（　　）にあてはまる語句を，下から選びましょう。

(1) 1875年，日本とロシアは樺太・千島交換条約を結び，
（　千島列島　）を日本の領土とし，（　　樺太　　）を
ロシアの領土とすることにしました。

(2) 1869年に蝦夷地を（　　北海道　　）と改称し，開拓使とい
う役所を置きました。

(3) 1879年，琉球藩を廃止して（　　沖縄県　　）を設置しまし
た。

〔　北海道　東京都　樺太　千島列島　沖縄県
尖閣諸島　〕

練 習 問 題

1 次の問いに答えましょう。

(1) 国会の開設と国民の政治参加を求めて行われた運動を何といい
ますか。
（自由民権運動）

(2) 1877年に西郷隆盛をリーダーとして，鹿児島の士族らがおこした
反乱を何といいますか。
（　西南戦争　）

(3) 1889年，伊藤博文が中心となってつくった，プロイセン（ドイツ）の
影響を受けた憲法を何といいますか。
（大日本帝国憲法）

(4) 自由党の創設時に党首となったのはだれですか。
（　板垣退助　）

(5) 立憲改進党の創設時に党首となったのはだれですか。
（　大隈重信　）

練 習 問 題

1 次の問いに答えましょう。

(1) 朝鮮でおこり，日清戦争のきっかけとなった農民の反乱を何といい
ますか。
（甲午農民戦争）

(2) 日清戦争の講和条約を何といいますか。
（　下関条約　）

(3) ロシアなどが遼東半島を清に返還するよう，日本に要求したできご
とを何といいますか。
（　三国干渉　）

(4) 1902年，日本がイギリスと結んだ同盟を何といいますか。
（　日英同盟　）

(5) 日露戦争の講和条約を何といいますか。
（ポーツマス条約）

(6) 1911年，関税自主権の回復に成功した外務大臣はだれですか。
（　小村寿太郎　）

練 習 問 題

1 次の（　　）にあてはまる語句を，下から選びましょう。

(1) 1905年，日本は韓国を保護国とし，（　伊藤博文　）を初代統監
として韓国統監府を置きました。

(2) 中国で，民族の独立などからなる三民主義を唱えたのは
（　孫文　）です。

〔　伊藤博文　大隈重信　朱元璋　孫文　〕

2 次の問いに答えましょう。

(1) 1910年，日本が朝鮮半島を植民地化したできごとを何といいます
か。
（　韓国併合　）

(2) 日本が朝鮮を植民地支配するために設置した官庁を何といいま
すか。
（　朝鮮総督府　）

(3) 1911年に清で始まった，民衆や軍による反政府運動を何といいま
すか。
（　辛亥革命　）

(4) (3)の結果，建国されたアジア最初の共和国を何といいますか。
（　中華民国　）

まとめのテスト

得点

/100点

1 次の問いに答えましょう。

(1) 右の**資料**は、19世紀のイギリスの三角貿易を示したものです。これを見て、各問いに答えなさい。

資料

① **A**の国名と**B**の貿易品の名前を答えなさい。

A（　インド　）

B（　アヘン　）

② 1840年にイギリスと清との間で戦争がおこりました。この戦争を何といいますか。また、この戦争の講和条約を何といいますか。

戦争（　アヘン戦争　）　条約（　南京条約　）

2 右の年表を見て、次の問いに答えましょう。

(1) 年表中の **A** にあてはまる、天皇が神に誓うという形で明治政府が政治の方針を示したものを何といいますか。

（　五箇条の御誓文　）

(2) 次の①・②は、年表中の①・②にあてはまる政策です。これらの政策をそれぞれ何といいますか。

① 藩主が治めていた土地と人民を天皇に返させた。

② 藩を廃止して府や県を置き、中央から府知事・県令を派遣した。

①（　版籍奉還　）　②（　廃藩置県　）

(3) 年表中の**B**～**D**について述べた次の文中の **X** ～ **Z** にあてはまる数字の組み合わせとして正しいものを、あとの**ア**～**エ**から選びなさい。

年代	おもなできごと
1868	A が出される
1869	① が行われる
1871	② が行われる
1872	学制が公布される……B
1873	地租改正が行われる…C
	徴兵令が出される……D

・学制により、 **X** 歳以上の男女は小学校教育を受けることとなった。
・地租改正の当初の税率は地価の **Y** ％とされた。
・徴兵令により、 **Z** 歳以上の男子に兵役が義務付けられた。

ア X-6 Y-3 Z-18　**イ** X-6 Y-3 Z-20
ウ X-9 Y-5 Z-18　**エ** X-9 Y-5 Z-20

（　イ　）

3 右の年表を見て、次の問いに答えましょう。

(1) 次の①・②の説明にあてはまる人物を、あとの**ア**～**エ**からそれぞれ選びなさい。

① 年表中の**A**を政府に提出した。

② 年表中の**B**の草案作成の中心となった。

年代	おもなできごと
1874	民撰議院設立の建白書……A
1889	大日本帝国憲法の発布……B
1894	日清戦争……C
	↕ X
1904	日露戦争……D
1910	韓国併合……E
1911	辛亥革命（中国）……F

ア 西郷隆盛　**イ** 伊藤博文
ウ 板垣退助　**エ** 大隈重信

①（　ウ　）②（　イ　）

(2) 年表中の**C**について、各問いに答えなさい。

① 日清戦争の講和条約を何といいますか。

（　下関条約　）

② ①の講和条約で日本が清からゆずり受けた遼東半島を、右の**地図**中の**ア**～**エ**から選びなさい。

（　イ　）

地図

③ ロシア・フランス・ドイツが、遼東半島を清に返還

するよう日本に要求したできごとを何といいますか。

（　三国干渉　）

(3) 年表中の**X**の時期に、日本が同盟を結んだ国を、次の**ア**～**エ**から選びなさい。

ア 清　**イ** オランダ　**ウ** イギリス　**エ** アメリカ

（　ウ　）

(4) 年表中の**D**について、各問いに答えなさい。

① 日露戦争の講和条約を何といいますか。

（ポーツマス条約）

② 日露戦争に勝ったことで、日本は欧米諸国の仲間入りを果たしました。このころ、欧米諸国が武力でアジアやアフリカなどに植民地を広げた動きを何といいますか。

（　帝国主義　）

(5) 年表中の**E**について述べた、次の文章中の　　　にあてはまる人物名を答えなさい。

日露戦争後、日本は韓国を保護して外交権をうばい、韓国統監府を置いた。その初代統監となったのは　　　である。その後、韓国皇帝を退位させ、軍隊も解散させると、1910年に韓国を併合した。

（　伊藤博文　）

(6) 年表中の**F**について、辛亥革命によって中国に成立した国を何といいますか。

（　中華民国　）

---

34 第一次世界大戦と日本

練習問題

1 次の問いに答えましょう。

(1) 1914年にヨーロッパでおこった、連合国と同盟国との戦争を何といいますか。

（第一次世界大戦）

(2) 「ヨーロッパの火薬庫」とよばれていた半島は何半島ですか。

（バルカン半島）

(3) (1)の戦争で同盟国側として参戦した国を、次の**ア**～**エ**から1つ選びなさい。

ア 日本　**イ** ドイツ　**ウ** イギリス　**エ** ロシア

（　イ　）

(4) 1915年、日本が中国に突きつけた要求を何といいますか。

（二十一か条の要求）

(5) ロシア革命の影響をおそれ、各国はロシアに軍隊を送りました。このできごとを何といいますか。

（　シベリア出兵　）

(6) ロシア革命で帝政ロシアが倒れた後、1922年に成立した国を何といいますか。

（ソビエト社会主義共和国連邦（ソ連））

35 国際平和体制と民主主義

1 次の問いに答えましょう。

(1) 1919年のパリ講和会議で結ばれた講和条約を何といいますか。

（ベルサイユ条約）

(2) 1920年,アメリカのウィルソン大統領の提案でつくられた,世界平和と国際協調を目的とした国際機関を何といいますか。

（ 国際連盟 ）

(3) 第一次世界大戦後,日本では憲法の枠内で市民的自由を求める風潮が広まりました。これを何といいますか。

（大正デモクラシー）

(4) 1925年に成立した,満25歳以上のすべての男子に選挙権をあたえるとした法律を何といいますか。

（ 普通選挙法 ）

(5) (4)の法律と同じ年に制定された,共産主義を厳しく取り締まる法律を何といいますか。

（ 治安維持法 ）

36 世界恐慌とファシズムの台頭

1 次の（　　　）にあてはまる語句を,下から選びましょう。

(1) 1929年,アメリカの（ ニューヨーク ）で株価が大暴落したことをきっかけに,世界恐慌が始まりました。

(2) 世界恐慌に対して,アメリカでは公共事業をおこして政府が需要をつくる（ニューディール）政策,イギリスやフランスなどでは（ ブロック経済 ）政策が実施されました。

〔 ロサンゼルス　ニューヨーク　ニューディール　ブロック経済 〕

2 次の問いに答えましょう。

(1) イタリアのファシスト党を率いたのはだれですか。

（ ムッソリーニ ）

(2) ドイツのナチス(ナチ党)を率いたのはだれですか。

（ ヒトラー ）

(3) 世界恐慌がおこったころ,ソ連では五か年計画が行われていました。そのときの指導者はだれですか。

（ スターリン ）

37 満州事変と日中戦争

1 次の問いに答えましょう。

(1) 満州事変のきっかけとなった,関東軍が南満州鉄道の線路を爆破した事件を何といいますか。

（ 柳条湖事件 ）

(2) 1932年,清の最後の皇帝だった溥儀を元首として建国が宣言された国を何といいますか。

（ 満州国 ）

(3) 1932年,海軍の青年将校たちが犬養毅首相を暗殺した事件を何といいますか。

（五・一五事件）

(4) 1937年におこった,日本と中国の戦争を何といいますか。

（ 日中戦争 ）

(5) 1938年に制定された,労働力や物資を戦争のために最優先する法律を何といいますか。

（国家総動員法）

38 第二次世界大戦と日本

1 次の（　　　）にあてはまる語句を,下から選びましょう。

(1) 第二次世界大戦は,ドイツが（ ポーランド ）に侵攻したことによって始まりました。

(2) 1945年8月6日,（ 広島 ）に,8月9日,（ 長崎 ）に原子爆弾が投下されました。

〔 オーストリア　ポーランド　広島　長崎 〕

2 次の問いに答えましょう。

(1) 1940年,日本がドイツ,イタリアと結んだ軍事同盟を何といいますか。

（日独伊三国同盟）

(2) 太平洋戦争は,日本海軍がハワイの何という湾を攻撃したことなどによって始まりましたか。

（ 真珠湾 ）

(3) 日本が8月14日に受諾し,無条件降伏することとなった,連合国による宣言を何といいますか。

（ポツダム宣言）

Chapter 07

まとめのテスト

得点 　/100点

1 次の問いに答えましょう。

(1) 右の図は，第一次世界大戦前のヨーロッパの国際情勢を表したものです。図中の（ A ），（ B ）にあてはまる組織名を答えなさい。

ドイツ／イタリア・オーストリア（ A ）　対立　イギリス／フランス・ロシア（ B ）

A（　三国同盟　）　B（　三国協商　）

(2) 第一次世界大戦のきっかけとなった事件について述べた次の文中の　X　，　Y　にあてはまる国を，それぞれ答えなさい。

　　X　の皇太子夫妻が，　Y　人青年に暗殺されるという事件がおこった。

X（　オーストリア　）　Y（　セルビア　）

(3) 1915年，日本は中国におけるドイツの権利を日本にゆずることなどを，中国政府に要求しました。この要求を何といいますか。

（二十一か条の要求）

2 次の問いに答えましょう。

(1) 1919年に結ばれた，第一次世界大戦の講和条約を何といいますか。　（ベルサイユ条約）

(2) 次の文中の　X　，　Y　にあてはまる語句を，それぞれ答えなさい。

　　第一次世界大戦後，アメリカの　X　大統領の提案で，世界平和と国際協調のための組織である　Y　がつくられた。

X（　ウィルソン　）　Y（　国際連盟　）

(3) シベリア出兵をきっかけとしておこった，米の安売りを求めた騒動を何といいますか。　（　米騒動　）

(4) 日本では，1925年に普通選挙制が実現しました。このとき選挙権があたえられたのはどのような人たちですか。次のア〜エから選びなさい。

ア　満20歳以上の男女　　イ　満25歳以上の男女
ウ　満20歳以上の男子　　エ　満25歳以上の男子（　エ　）

(5) 普通選挙法と同時に制定された，共産主義を厳しく取りしまる法律を何といいますか。　（　治安維持法　）

3 次の問いに答えましょう。

(1) 1929年におこった世界恐慌について述べた，次の文中の　X　，　Y　にあてはまる語句を，それぞれ答えなさい。

　　恐慌を乗り切るため，アメリカでは政府が公共事業を積極的に行う　X　政策，イギリスやフランスなどでは　Y　政策が取られた。

X（ニューディール（新規まき直し））　Y（ブロック経済）

(2) イタリアやドイツで台頭した，軍国主義的な独裁政治を何といいますか。　（　ファシズム　）

(3) 世界恐慌がおこったとき，ソ連で行われていた経済政策を何といいますか。　（　五か年計画　）

4 次の問いに答えましょう。

(1) 年表中のAは，日本軍が鉄道の線路を爆破した事件をきっかけとしておこりました。Aのできごとを何といいますか。

（　満州事変　）

年代	おもなできごと
1931	日本軍が満州を占領する……A
1932	五・一五事件がおこる………B
1933	X
1936	二・二六事件がおこる
1937	Y
1939	第二次世界大戦が始まる……C
1945	原子爆弾が投下される………D
	ポツダム宣言を受諾する

(2) 年表中のBの事件で暗殺された首相はだれですか。

（　犬養毅　）

(3) 年表中の　X　，　Y　にあてはまるできごとを，次のア〜エからそれぞれ選びなさい。

ア　中華民国が成立する　　イ　日中戦争が始まる
ウ　日本が国際連盟を脱退する　エ　関東大震災がおこる

X（　ウ　）　Y（　イ　）

(4) 年表中のCの第二次世界大戦中に日本が軍事同盟を結んだ国を，次のア〜エから2つ選びなさい。

ア　フランス　イ　イギリス　ウ　ドイツ　エ　イタリア

（　ウ　）　（　エ　）

(5) 年表中のDの原子爆弾が投下された都市を，投下された順に2つ答えなさい。　（　広島　）　（　長崎　）

39 戦後の民主化

練習問題

1 次の問いに答えましょう。

(1) 日本を占領した連合国軍総司令部の略称を何といいますか。　（　GHQ　）

(2) (1)の最高司令官はだれですか。

（　マッカーサー　）

(3) 戦後改革のうち，地主から買った土地を小作人に安く売り渡すことによって自作農を生み出した改革を何といいますか。

（　農地改革　）

(4) 戦後改革で，日本の経済を支配してきた独占的な企業集団が解体されました。この集団を何といいますか。

（　財閥　）

(5) 戦後，民主主義の教育の基本を示すためにつくられた法律を何といいますか。

（　教育基本法　）

40 東西冷戦の開始と日本

練習問題

1 次の（　　）にあてはまる語句を，下から選びましょう。

(1) 1945年に発足した国際連合の安全保障理事会の常任理事国は，アメリカ，イギリス，フランス，ソ連（現ロシア），（　中　国　）の5か国です。

(2) 1951年，日本は（サンフランシスコ平和条約）を結び，独立を回復しました。同時にアメリカと（日米安全保障条約）を結びました。

(3) 冷戦の影響を受け，朝鮮半島は北が社会主義の（　北朝鮮　），南が資本主義の（　韓国　）に分けられました。

〔 中国　ドイツ　韓国　北朝鮮　日米安全保障条約　サンフランシスコ平和条約 〕

41 高度経済成長

練習問題

1 次の（　　）にあてはまる語句を，下から選びましょう。

(1) 1950年代には，白黒テレビ，電気洗濯機，電気冷蔵庫の（　三種の神器　）が，1960年代には，カー（自動車），クーラー，カラーテレビの（　3C　）が普及しました。

(2) 熊本県水俣市周辺でおこった四大公害病は（　水俣病　）です。

〔 三種の神器　3C　水俣病　イタイイタイ病　四日市ぜんそく 〕

2 次の問いに答えましょう。

(1) 日本経済は1955年から1973年までの間，年平均10%程度の高成長を続けました。これを何といいますか。

（高度経済成長）

(2) 第四次中東戦争をきっかけに石油価格が大幅に上昇したできごとを，カタカナで何といいますか。

（オイル・ショック）

(3) 公害問題に対応するために，1967年に制定された法律を何といいますか。

（公害対策基本法）

42 現代の世界

練習問題

1 次の（　　）にあてはまる語句を，下から選びましょう。

(1) 1989年，アメリカとソ連の首脳が（　マルタ島　）で会談し，冷戦の終結が宣言され，翌年には，東西（　ドイツ　）が統一されました。

(2) ソ連では，（ゴルバチョフ）政権が改革を進めましたが，失敗に終わりました。

(3) ヨーロッパでは，1993年に（　EU　）が発足しました。

〔 マルタ島　バルト三国　ブッシュ　ゴルバチョフ　EU　EC　ドイツ　朝鮮 〕

2 次の問いに答えましょう。

(1) 1989年，冷戦の象徴であったある壁がこわされました。この壁を何といいますか。

（ ベルリンの壁 ）

(2) ソ連でゴルバチョフによって行われた改革を何といいますか。

（ペレストロイカ）

43 現代の日本

練習問題

1 次の（　　）にあてはまる語句を，下から選びましょう。

(1) 1992年，日本は国連のPKOとして（　カンボジア　）に初めて自衛隊を派遣しました。

(2) 日本では，1995年に（　阪神・淡路大震災　），2011年には（東日本大震災）がおこりました。

〔 モザンビーク　カンボジア　東日本大震災　阪神・淡路大震災 〕

2 次の問いに答えましょう。

(1) 株式と土地の価格が異常に高くなった好景気が1991年に崩壊しました。この経済を何といいますか。

（ バブル経済 ）

(2) 1993年，非自民の連立内閣が成立したことにより，終了した政治体制を何体制といいますか。

（ 55年体制 ）

(3) 1997年に開催された地球温暖化防止京都会議で採択された，温室効果ガスの排出量を減らす目標などを定めたものを何といいますか。

（ 京都議定書 ）

まとめのテスト

得点

/100点

1 次の問いに答えましょう。

(1) 第二次世界大戦後, 連合国軍総司令部(GHQ)によって日本の民主化が進められました。GHQの最高司令官はだれですか。
（ マッカーサー ）

(2) 第二次世界大戦後, 経済の民主化をめざし, 戦争への協力勢力とみなされた三井, 三菱などの大資本家は解体が命じられました。これらの大資本家を何といいますか。（ 財閥 ）

(3) 次の文章が述べている戦後改革を何といいますか。

> 農村の民主化をめざし, 政府が地主から土地を買って, 小作人に安く売り渡した。その結果, 小作人の割合が減少し, これで自作農の割合が増加した。

（ 農地改革 ）

(4) 憲法について, 各問いに答えなさい。
① 大日本帝国憲法に代わり, 1946年11月3日に公布された憲法を何といいますか。（ 日本国憲法 ）
② ①の憲法の三大原則を答えなさい。
（国民主権）（平和主義）（基本的人権の尊重）

2 次の問いに答えましょう。

(1) 1951年, 日本は48か国の代表と調印して独立を回復しました。この条約を何といいますか。（サンフランシスコ平和条約）

(2) (1)の条約と同じ年に, 日本とアメリカの間で結ばれた, 米軍の日本駐留を認める条約を何といいますか。（日米安全保障条約）

(3) 1956年に日本とソ連が国交を回復した宣言を何といいますか。
（ 日ソ共同宣言 ）

3 次の問いに答えましょう。

年代	おもなできごと
1945	A が発足する
1949	B が建国される
1955	アジア・アフリカ会議が開催される
1993	ヨーロッパ連合が発足する………C

(1) 年表中の A について, 各問いに答えなさい。
① A にあてはまる, 平和を維持するための国際機関の名前を答えなさい。
（ 国際連合 ）
② ①の国際機関に, 世界の平和と安全を維持する目的で設けられている機関を何といいますか。（安全保障理事会）
③ ②の機関の常任理事国として誤っているものを, 次のア～エから選びなさい。
ア アメリカ　イ フランス　ウ イギリス　エ ドイツ
（ エ ）

(2) 年表中の B にあてはまる, 毛沢東を主席とする国はどこですか。正式名称で答えなさい。（中華人民共和国）

(3) 年表中のCについて, ヨーロッパ連合の略称をアルファベットで答えなさい。（ EU ）

4 次の問いに答えましょう。

(1) 日本では, 1950年代後半から20年近くにわたって急速な経済の成長をとげました。これを何といいますか。
（高度経済成長）

(2) (1)の好景気の背景となった, 1950年に朝鮮半島で始まった戦争を何といいますか。（ 朝鮮戦争 ）

(3) 第四次中東戦争を背景に, 1973年におきた世界経済の混乱を何といいますか。（石油危機(オイル・ショック)）

(4) 四大公害病について, ①水俣病,
②イタイイタイ病がおこった地域を, 右の地図中のア～エからそれぞれ選びなさい。
①（ エ ）②（ イ ）

地図

古代の文化

練習問題

1 次の( )にあてはまる語句を, 下から選びましょう。

(1) ヤマト政権のころ, (埴輪)や副葬品が古墳に並べられました。

(2) 聖武天皇のころの文化を(天平文化)といい, 最古の歴史書の『(古事記)』や日本最古の和歌集である『(万葉集)』などがつくられました。

(3) 平安時代に発達した文化を(国風文化)といい, 清少納言は『(枕草子)』を, 紫式部は『(源氏物語)』を著しました。

〔 埴輪　土偶　国風文化　天平文化　古事記　古今和歌集　万葉集　枕草子　源氏物語 〕

45 中世の文化

練習問題

1 次の問いに答えましょう。
　(1) 鎌倉時代前期に，運慶・快慶らによってつくられ，東大寺南大門に置かれている彫刻を何といいますか。
　　　　　　　　　　　　　　　　　　　　（　金剛力士像　）
　(2) 鎌倉時代末期に兼好法師によって書かれた随筆を何といいますか。
　　　　　　　　　　　　　　　　　　　　（　徒然草　）
　(3) 室町時代後期に取り入れられた，現在の和室のもとになった建築様式を何といいますか。
　　　　　　　　　　　　　　　　　　　　（　書院造　）
　(4) 室町時代後期に日本の水墨画を完成させた人物はだれですか。
　　　　　　　　　　　　　　　　　　　　（　雪舟　）

46 近世の文化

練習問題

1 次の問いに答えましょう。
　(1) 安土桃山時代に，茶道を大成した人物はだれですか。
　　　　　　　　　　　　　　　　　　　　（　千利休　）
　(2) 17世紀初めにかぶき踊りを始めた人物はだれですか。
　　　　　　　　　　　　　　　　　　　　（　出雲の阿国　）
　(3) 江戸幕府5代将軍徳川綱吉の時代前後に栄えた，上方の町人を中心とした文化を何といいますか。
　　　　　　　　　　　　　　　　　　　　（　元禄文化　）
　(4) 江戸幕府11代将軍徳川家斉の時代前後に栄えた，江戸の町人を中心とした文化を何といいますか。
　　　　　　　　　　　　　　　　　　　　（　化政文化　）

47 近代の文化

練習問題

1 次の（　　）にあてはまる語句を，下から選びましょう。
　(1) 明治時代初め，（　福沢諭吉　）は『学問のすゝめ』を著しました。
　(2) （　森鷗外　）は『舞姫』，（　樋口一葉　）は『たけくらべ』，（　夏目漱石　）は『吾輩は猫である』を発表しました。
　(3) （　北里柴三郎　）はペスト菌を発見し，（　野口英世　）は黄熱病の研究をしました。
　〔　森鷗外　　福沢諭吉　　夏目漱石　　野口英世　　志賀潔
　芥川龍之介　　北里柴三郎　　樋口一葉　〕

48 現代の文化

練習問題

1 次の問いに答えましょう。
　(1) 『伊豆の踊子』『雪国』などを著し，1968年にノーベル文学賞を受賞したのはだれですか。
　　　　　　　　　　　　　　　　　　　　（　川端康成　）
　(2) 2012年，ｉＰＳ細胞の発見でノーベル医学・生理学賞を受賞したのはだれですか。
　　　　　　　　　　　　　　　　　　　　（　山中伸弥　）
　(3) 1977年に国民栄誉賞を受賞した，ホームラン数の世界記録を持つプロ野球選手はだれですか。
　　　　　　　　　　　　　　　　　　　　（　王貞治　）
　(4) 『羅生門』などの映画を監督し，1998年に国民栄誉賞を受賞したのはだれですか。
　　　　　　　　　　　　　　　　　　　　（　黒澤明　）
　(5) これからの時代の中心となっていくのはだれですか。
　　　　　　　　　　　　　　　　　　　　（　(例)私たち　）

まとめのテスト

得点

/100点

1 次の問いに答えましょう。

(1) 古墳時代につくられた, 右の**資料**のような 形をした古墳を何といいますか。
（ 前方後円墳 ）

資料

(2) 聖徳太子が建てた, 現存する世界最古の 木造建築物を, 次の**ア**〜**エ**から選びなさい。
ア 東大寺　　**イ** 唐招提寺　　**ウ** 正倉院
エ 法隆寺
（ エ ）

(3) 奈良時代の聖武天皇のころの文化を何文化といいますか。
（ 天平文化 ）

(4) (3)の文化にあてはまらないものを, 次の**ア**〜**エ**から選びなさい。
ア『万葉集』　**イ**『日本書紀』　**ウ**『古事記』
エ『新古今和歌集』
（ エ ）

(5) 次の文中の X 〜 Z にあてはまる語句, 作者名を答 えなさい。

> 平安時代には X とよばれる文字が発達し, Y の 『枕草子』, Z の『源氏物語』など, すぐれた文学作品 が生まれた。

X（ かな文字 ）　Y（ 清少納言 ）　Z（ 紫式部 ）

2 次の問いに答えましょう。

資料

(1) 鎌倉時代に運慶らがつくった, 右の**資料**の 像を何といいますか。
（ 金剛力士像 ）

(2) 鎌倉時代に広まった新しい仏教の宗派と開 祖の組み合わせとして誤っているものを, 次の**ア** 〜**エ**から選びなさい。
ア 浄土宗—法然　**イ** 浄土真宗—親鸞
ウ 日蓮宗—栄西　**エ** 時宗——一遍
（ ウ ）

(3) 室町時代の東山文化で銀閣を建てたのはだれですか。また, この時代に生まれた, 現在の和室のもとになった建築様式を何とい いますか。
人物（ 足利義政 ）　建築様式（ 書院造 ）

3 次の問いに答えましょう。

(1) 織田信長と豊臣秀吉が活躍した時代に栄えた, 豪華で壮大な 文化を何文化といいますか。
（ 桃山文化 ）

(2) 次の①・②の人物に関連の深いものを, 次の**ア**〜**エ**からそれぞ れ選びなさい。
① 千利休　　② 出雲の阿国
ア 御伽草子　**イ** 水墨画　**ウ** かぶき踊り
エ 茶の湯
①（ エ ）②（ ウ ）

(3) 右の**資料**は『富嶽三十六景』です。 この作品の作者を, 次の**ア**〜**エ**から選び なさい。
ア 葛飾北斎　**イ** 喜多川歌麿
ウ 歌川広重　**エ** 尾形光琳
（ ア ）

資料

(4) 次の文中の X 〜 Z にあてはまる語句, 人物名を, あ との**ア**〜**オ**からそれぞれ選びなさい。

> 江戸時代, 京都・大坂の町人を中心とした X 文化と よばれる文化が栄え, 浮世草子を書いた Y や『奥の細 道』を書いた Z らが活躍した。

ア 元禄　**イ** 化政　**ウ** 小林一茶
エ 井原西鶴　**オ** 松尾芭蕉

X（ ア ）Y（ エ ）Z（ オ ）

(5) 江戸時代,『古事記伝』を著し, 国学を大成したのはだれです か。
（ 本居宣長 ）

4 次の問いに答えましょう。

(1) 明治時代に『学問のすゝめ』を書いて文明開化をけん引した 人物を, 次の**ア**〜**エ**から選びなさい。
ア 森鷗外　**イ** 川端康成　**ウ** 福沢諭吉
エ 夏目漱石
（ ウ ）

(2) 右の**資料**は「老猿」です。この作品の作者 を, 次の**ア**〜**エ**から選びなさい。
ア 高村光雲　　**イ** 黒田清輝
ウ 狩野芳崖　　**エ** 岡倉天心
（ ア ）

資料

(3) 次の①〜③にあてはまる人物を, あとの**ア**〜 **ウ**からそれぞれ選びなさい。
① ペスト菌の発見　② 黄熱病の研究
③ 赤痢菌の発見
ア 北里柴三郎　**イ** 志賀潔　**ウ** 野口英世
①（ ア ）②（ ウ ）③（ イ ）

LET'S LEARN
HISTORY
TOGETHER

伊藤　賀一（いとう　がいち）
1972年京都生まれ。新選組で知られる壬生に育つ。洛南高校・法政大学文学部史学科卒業後、東進ハイスクールを経て、現在、リクルート運営のオンライン予備校「スタディサプリ」で高校倫理・政治経済・現代社会・日本史、中学地理・歴史・公民の７科目を担当。43歳で一般受験し、2021年現在、早稲田大学教育学部生涯教育学専修に在学中。
著書・監修書に『世界一おもしろい 日本史の授業』『「カゲロウデイズ」で中学歴史が面白いほどわかる本』『笑う日本史』（以上、KADOKAWA）、『「90秒スタディ」ですぐわかる！ 日本史速習講義』（PHP研究所）などがある。

改訂版（かいていばん）　ゼッタイわかる　中学歴史（ちゅうがくれきし）

2021年４月９日　初版発行
2023年12月25日　６版発行

監修／伊藤（いとう） 賀一（がいち）

キャラクターデザイン／モゲラッタ

カバーイラスト／夏生（なつお）

漫画／あさひまち

発行者／山下 直久

発行／株式会社KADOKAWA
〒102-8177　東京都千代田区富士見2-13-3
電話 0570-002-301（ナビダイヤル）

印刷所／株式会社加藤文明社印刷所

●お問い合わせ
https://www.kadokawa.co.jp/（「お問い合わせ」へお進みください）
※内容によっては、お答えできない場合があります。
※サポートは日本国内のみとさせていただきます。
※Japanese text only

定価はカバーに表示してあります。

ISBN 978-4-04-605011-3　C6020

ゼッタイ
わかる
シリーズ

マンガ×会話で成績アップ！

自宅学習や学校・塾の
プラス1にも

改訂版
ゼッタイわかる
中1英語
監修：竹内健，
キャラクターデザイン：
モゲラッタ，
カバーイラスト：ダンミル，
漫画：あさひまち，
出演：浦田わたる
ISBN：978-4-04-605008-3

改訂版
ゼッタイわかる
中2英語
監修：竹内健，
キャラクターデザイン：
モゲラッタ，
カバーイラスト：hatsuko，
漫画：あさひまち，
出演：からつけあっきぃ
ISBN：978-4-04-605013-7

改訂版
ゼッタイわかる
中3英語
監修：竹内健，
キャラクターデザイン：
モゲラッタ，
カバーイラスト：八三，
漫画：あさひまち，
出演：鹿乃
ISBN：978-4-04-605020-5

改訂版
ゼッタイわかる
中1数学
監修：山内恵介，
キャラクターデザイン：
モゲラッタ，
カバーイラスト：はくり，
漫画：甚切ゆずる
ISBN：978-4-04-605009-0

改訂版
ゼッタイわかる
中2数学
監修：山内恵介，
キャラクターデザイン：
モゲラッタ，
カバーイラスト：はくり，
漫画：ぴゃあ
ISBN：978-4-04-605014-4

改訂版
ゼッタイわかる
中3数学
監修：山内恵介，
キャラクターデザイン：
モゲラッタ，
カバーイラスト：はくり，
漫画：諒旬
ISBN：978-4-04-605015-1

改訂版
ゼッタイわかる
中1理科
監修：佐川大三，
キャラクターデザイン：
モゲラッタ，
カバーイラスト：Lyon，
漫画：杜乃ミズ
ISBN：978-4-04-605010-6

改訂版
ゼッタイわかる
中2理科
監修：佐川大三，
キャラクターデザイン：
モゲラッタ，
カバーイラスト：やまかわ，
漫画：青井みと
ISBN：978-4-04-605016-8

改訂版
ゼッタイわかる
中3理科
監修：佐川大三，
キャラクターデザイン：
モゲラッタ，
カバーイラスト：しぐれうい，
漫画：尽
ISBN：978-4-04-605017-5

改訂版
ゼッタイわかる
中学地理
監修：伊藤賀一，
キャラクターデザイン：
モゲラッタ，
カバーイラスト：U35，
漫画：あさひまち
ISBN：978-4-04-605012-0

改訂版
ゼッタイわかる
中学歴史
監修：伊藤賀一，
キャラクターデザイン：
モゲラッタ，
カバーイラスト：夏生，
漫画：あさひまち，
ISBN：978-4-04-605011-3

ゼッタイわかる
中学公民
監修：伊藤賀一，
キャラクターデザイン：
モゲラッタ，
カバーイラスト：れい亜，
漫画：あさひまち
ISBN：978-4-04-605994-9

KADOKAWA

「わかる」爽快感を君に。
エキスパート講師のバツグンに わかりやすい授業をこの1冊に凝縮！

中学『面白いほどわかる』シリーズ

中1数学が 面白いほどわかる本
著：横関俊材
ISBN：978-4-04-604771-7

中2数学が 面白いほどわかる本
著：横関俊材
ISBN：978-4-04-604772-4

中3数学が 面白いほどわかる本
著：横関俊材
ISBN：978-4-04-604773-1

改訂版 高校入試 中学数学が 面白いほどわかる本
著：横関俊材
ISBN：978-4-04-604956-8

改訂版 中学地理が 面白いほどわかる本
著：笹原卓哉
ISBN：978-4-04-604777-9

改訂版 中学歴史が 面白いほどわかる本
著：西村創
ISBN：978-4-04-604774-8

改訂版 中学公民が 面白いほどわかる本
著：西村創
ISBN：978-4-04-604776-2

改訂版 中学理科が 面白いほどわかる本
著：岩本将志
ISBN：978-4-04-604775-5

改訂版 中1英語が 面白いほどわかる本
著：麦谷郁子
ISBN：978-4-04-604768-7

改訂版 中2英語が 面白いほどわかる本
著：麦谷郁子
ISBN：978-4-04-604769-4

改訂版 中3英語が 面白いほどわかる本
著：麦谷郁子
ISBN：978-4-04-604770-0

KADOKAWA